Marcos Vidal

Con Permiso

Marcos Vidal

Con Permiso

Vida®

La misión de Editorial Vida es ser la compañía líder en satisfacer las necesidades de las personas con recursos cuyo contenido glorifique al Señor Jesucristo y promueva principios bíblicos.

CON PERMISO
Edición en español publicada por
Editorial Vida – 2014
Miami, Florida

Este título también está disponible en formato electrónico.

Editora en Jefe: *Graciela Lelli*
Edición: *Marta Liana García*
Diseño interior: *BookCoachLatino.com*

ISBN: 978-0-8297-6556-4

CATEGORÍA: Vida cristiana / General

IMPRESO EN ESTADOS UNIDOS DE AMÉRICA
PRINTED IN THE UNITED STATES OF AMERICA

14 15 16 17 18 QG 6 5 4 3 2 1

Contenido

Prólogo

¿Por qué corro? Porque no tengo alas. Uno hace cosas de forma natural, casi sin pensarlas.

Si tuviera alas, probablemente tendría también la capacidad de extenderlas y desplazarme de un lugar a otro sin tocar el suelo con los pies. Lo haría todos los días sin darme cuenta, del mismo modo que camino todos los días. Y como no tengo alas, creo que volar sería fantástico, pero si las tuviera no pensaría lo mismo... ni siquiera lo pensaría. Volaría, y sería algo natural.

No canto porque crea ser Plácido Domingo, solo lo hago porque tengo voz. Desde luego no es la voz del gran Plácido, pero es la que Dios me dio y sale de manera espontánea de mi garganta. Me he planteado en más de una ocasión dejar de usarla, pero no se puede. Sé bien que llegará el momento en que no vuelva a subirme a un escenario, pero nunca dejaré de cantar, seguro, porque dejaría de ser yo mismo, me sale de forma natural.

Canto porque soy una persona, si fuera un pez haría burbujas. Compongo porque crecí en un ambiente rodeado de música, y la primera vez que escuché el concierto número dos para piano y orquesta de Sergei Rachmaninoff, lloré y supe que tenía que componer. Nadie me obligó, simplemente tenía que hacerlo y comencé a hacerlo de manera natural. Descubrí que tenía dos piernas, y ya hubiese querido tener las alas del maestro Sergei, pero esto es lo que tengo.

Cuando arrestaron a Pedro y trataron de intimidarle para que dejase de hablar en el nombre de Jesús, solo supo decir: «Señores, gracias por la sugerencia, agradezco su preocupación, pero la realidad es que tengo este dilema: no puedo dejar de decir lo que he visto y oído. O sea, enciérrenme ustedes, o hagan lo que tengan que hacer, que yo haré lo propio. Si fuera Napoleón llevaría la mano en el pecho, si fuera Walt Disney haría dibujitos, pero resulta que me llamo Pedro, soy de Capernaúm, y era pescador hasta que el Maestro me cambió la vida, y ahora pueden ustedes amenazarme de muerte si quieren, pero eso no impedirá que siga haciendo lo mismo. Por cierto, ¿han oído hablar de Jesús? Denme un minuto para contarles lo que hizo por mí...».

Al escribir estas líneas me siento del mismo modo. No escribo para vender un libro. Solo es que tengo que dar expresión a algo que brota de manera natural desde mi interior. No es algo que haya aprendido estudiando en un instituto o en un seminario, sino algo que me quema por dentro y pide a gritos salir. Y tiene que ver con este evangelio glorioso de Jesucristo que nos ha sido entregado y encomendado para su transmisión y divulgación al mundo entero. Tiene que ver con nosotros y nuestra manera de gestionar el maravilloso legado espiritual que nos fue dado como herencia.

¿Qué estamos haciendo? ¿Lo estamos haciendo bien? A veces me asaltan ciertas dudas y necesito expresarlas en voz alta. Cantar o componer es una forma de hacerlo. Escribir es otra.

Solo es eso.

Parte 1

La teoría de los dos errores

Capítulo 1

EL REAL MADRID SIEMPRE VISTE DE BLANCO

En primer lugar no es cierto y en segundo lugar, ¿qué es más importante, el color del equipo o el resultado final del partido?

Yo sé que los colores son importantes, tienen su historia, conllevan una fuerte carga sentimental y levantan pasiones entre la hinchada pero, sinceramente, no creo que sean lo más importante. En la Primera División del fútbol profesional de España, los equipos tienen hasta tres uniformes diferentes con colores distintos que visten según la ocasión, dependiendo de dónde jueguen y de la indumentaria del rival, para ser fácilmente identificables y que nadie se confunda. Pero eso es circunstancial. Resulta llamativo que ciertas personas teman lo peor cada vez que su equipo juega con otro color que no es el habitual. A eso se le llama superstición. Porque es solo una cuestión visual del momento, en realidad, lo mismo da si el Real Madrid juega de blanco o de negro, lo verdaderamente importante es cómo juega sobre el terreno y si finalmente gana o pierde el partido. El color puntual de la camiseta no afectará en absoluto a lo fundamental: el resultado. Curiosamente hay personas que no consiguen diferenciar lo uno de lo otro. O incluso teniéndolo claro en teoría, seguirán manteniendo: «Pero juegan mucho mejor cuando visten de blanco».

Yo nací en un hogar cristiano y comencé a pastorear la Iglesia Salem, en Madrid, a la edad de veinticinco años. Hoy tengo cuarenta y siete, camino de cuarenta y ocho, es decir que llevo en este ministerio aproximadamente veintitrés años, que no es una cantidad estratosférica pero tampoco es como haber comenzado ayer. Han pasado cosas. Ha sido un proceso lento y largo el que me ha traído hasta aquí y he atravesado diferentes etapas que no pretendo enumerar ahora, pero sí reconozco que hoy estoy en un punto diferente al del comienzo. Soy la misma persona y sigo predicando el mismo evangelio, pero no veo todas las cosas exactamente igual que como las veía cuando comencé. Desde luego, tengo aún mucho que aprender, pero me doy cuenta de que a lo largo de mi ministerio, tratando de servir al Señor Jesucristo con integridad de corazón, he llegado a cometer los mismos errores siempre de manera constante y sistemática. Sobre todo dos errores principales. De eso es de lo que necesito hablar porque lo veo tantas veces repetido en el cuerpo de Cristo que me asusta y quisiera aportar algo, con permiso.

Hoy veo que he confundido muchas veces principios con formas. No siempre he distinguido bien entre verdades fundamentales del evangelio y estilos personales de hacer las cosas. Y en ese terreno he repetido incontables veces los siguientes dos errores:

1. **He elevado ciertas «formas» a la categoría de «principios»**. Este error se manifiesta en varias maneras. Por ejemplo, yo he juzgado y criticado muchas veces la labor de unos y otros, por el simple hecho de que no lo hacían como yo, o de la manera que yo entendía que había que hacerlo. También porque no creían exactamente lo mismo que yo respecto a ciertos temas que no son en absoluto fundamentales para la salvación. Del mismo modo he abrazado estrategias o estilos concretos como si fueran los únicos que se pueden utilizar, siendo todo lo demás para mí incorrecto.

Nunca olvidaré la primera vez que fui invitado a una iglesia en el norte de España, en la que se me pidió que predicara después del tiempo de alabanza congregacional, así que me senté esperando a que comenzara el culto y presuponiendo una alabanza del tipo al que yo estoy acostumbrado. Yo tenía veintidós años y para mi sorpresa y disgusto, lo que sucedió a continuación en aquel lugar no tuvo nada que ver con lo que yo esperaba porque para mí la alabanza se practica de otra manera, y pronto me descubrí juzgando interiormente a aquellos queridos hermanos por su manera «extraña», y según mi prejuicio «impropia», de alabar a Dios. Bendito sea Dios que el Espíritu Santo trajo convicción a mi corazón allí mismo y tuve que arrodillarme y llorar de arrepentimiento porque de alguna manera mis ojos fueron abiertos y de pronto vi la honestidad, la entrega y lo genuino de aquella alabanza, y sentí claramente que Dios se deleitaba en ella y la recibía con agrado, y que el único que andaba desentonado en aquel lugar era yo. Confundí el principio de la alabanza con mi forma de alabar.

Pero esto me ha pasado muchas veces en diferentes contextos. He elevado mi «forma» de hacer o entender las cosas casi a la altura de la Palabra de Dios. O sin el «casi». El segundo error es prácticamente la otra cara de la moneda porque consiste en lo mismo pero al revés, es decir, todo lo contrario:

2. **He degradado ciertos «principios» a la categoría de «formas»**. O sea, en ocasiones, por no ofender a nadie, o por respetar a todos, o por no confrontar, o por temor a la opinión de otras personas, o por simple inercia a la hora de adoptar ideas sin analizarlas a conciencia, o porque era lo convencional que creí haber aprendido, he callado y me he dejado llevar ante actitudes y maneras de hacer cosas, sacrificando verdaderos principios bíblicos. A veces sin darme cuenta, y otras, con cierta inquietud interior, cierta sospecha de que algo no estaba funcionando correctamente. Cierto mosqueo, como decimos en España.

Por ejemplo, he mantenido silencio ante críticas injustas contra una persona ausente, simplemente por no armar una discusión, o por no sufrir el rechazo del grupo, en lugar de tomar una posición bíblica. Incluso me he unido yo mismo a la conversación alimentándola. Eso es sacrificar un principio y degradarlo, es minimizar la putrefacta murmuración por amar más la amistad de ciertas personas, o por preferir la tranquilidad de no tener que protagonizar una disputa incómoda. Pero es un error.

Lo mismo con la mentira, el orgullo o cualquier pecado de los que se pueden camuflar fácilmente como «cosas naturales que uno tiene que aprender a manejar con cuidado». Especialmente en el ministerio, cuando la Palabra de Dios enfatiza que aquellos que están en el ministerio espiritual deben ser irreprensibles, es decir que el listón para ellos debería estar más alto que para el resto (1 Timoteo 3.1–13; Tito 1.5–16). Esto no exime a los demás de vivir una vida en santidad, pero desde luego que el pastor, el anciano, el obispo o incluso el diácono deben ser ejemplares en su conducta. Esto hoy en día brilla por su ausencia. El apóstol Pablo exhorta con toda claridad a Timoteo diciéndole: «Ninguno tenga en poco tu juventud, sino sé ejemplo de los creyentes en palabra, conducta, amor, espíritu, fe y pureza» (1 Timoteo 4.12). Aún así, yo he tolerado en el ministerio actitudes que entiendo claramente denunciables y pecaminosas, porque vulneran estos principios expresados por Pablo. Pero he callado ante ellas, cegado por un desacertado sentimiento de lealtad hacia ciertas personas cercanas y fieles, o por una falsa humildad. He guardado silencio por creer equivocadamente que la fidelidad a ciertas formas o ideas, o el respeto a la amistad o incluso el bien de la unidad de todos, eran principios, cuando no son más que formas aprendidas de manejar ciertas situaciones, vulnerando el principio bíblico de que es necesario agradar a Dios antes que a los hombres (Efesios 6.6–7; 1 Tesalonicenses 2.4; Gálatas 1.10; Hechos 4.19–20). Esto, de nuevo, puede ocurrir de mil maneras distintas, pero viene a ser finalmente el mismo caballo de batalla: sacrificamos principios por mantener formas.

Del mismo modo, he apoyado y promovido maneras de hacer las cosas, simplemente porque era la «forma de hacerlo», sin ver en ocasiones que nuestra forma de hacer las cosas estaba entorpeciendo un principio, y estaba dificultando la labor y la consecución de la verdadera meta. Hablo de cosas tan fundamentales como el evangelismo, la oración, la celebración de los cultos, el discipulado, la adoración, la conducta cristiana, la predicación de la Palabra...

A modo de testimonio, puedo decir que durante todos estos años he conocido muchísimas iglesias locales alrededor del mundo, especialmente en los países hispanoparlantes. Este intercambio me ha traído gran bendición y he aprendido a amar y apreciar la variedad entre los hijos de Dios, los miles y diversos miembros de la gran Iglesia Universal de Cristo alrededor del planeta. He sido y soy aún testigo directo de las grandísimas diferencias que existen entre unos y otros, y sinceramente, disfruto de lo que cada cultura y expresión local aporta en diversidad y pluralidad al cuerpo de Cristo.

Pero por el otro lado también he vivido en primera persona los dos mismos errores en muchos lugares, algunos de ellos de gran influencia: he visto cómo unos y otros se acusan mutuamente de no ser dignos representantes del evangelio, simplemente por utilizar formas distintas, teniendo en el fondo la misma esencia cristiana y evangélica. Y he presenciado del mismo modo cómo algunos adoptan «formas de vida cristiana» novedosas, acordes con la filosofía social de hoy, pero sacrificando principios bíblicos sin el menor rubor, apartándose de la esencia del evangelio y además sintiéndose llamados a marcar tendencia para otros, como si fueran ejemplos a seguir. Huyo de estos dos errores como de la peste, creo que están muy enraizados en la iglesia actual alrededor del mundo, y creo que deben ser combatidos porque amenazan seriamente el avance del evangelio en esta generación.

Porque ni el Real Madrid viste siempre de blanco, ni deja de ser el Real Madrid cuando juega de otro color, ni tampoco cualquier equipo que vista de blanco es el Real Madrid. Necesito hablar de esto porque estoy absolutamente convencido de que el mayor problema que afrontará la iglesia durante este siglo será este. Y no podemos permitirnos el lujo de perder el tiempo en cosas que Cristo no nos encomendó. Al contrario, es hora de aprovechar «bien el tiempo porque los días son malos» (Efesios 5.16), y brillar con la luz del evangelio para ser «irreprensibles y sencillos, hijos de

Dios sin mancha en medio de una generación maligna y perversa, en medio de la cual resplandecemos como luminares en el mundo» (Filipenses 2.15).

Capítulo 2

EL PODER DEL EVANGELIO

En Romanos 1.16 Pablo dice lo siguiente: «No me avergüenzo del evangelio porque es poder de Dios para salvación a todo aquel que cree; al judío primeramente, y también al griego». ¿Podemos nosotros decir lo mismo?

Yo con toda sinceridad digo juntamente con Pablo que tampoco me avergüenzo del evangelio; sin embargo, debo confesar que hay ciertas cosas que se predican en la iglesia como si fueran evangelio, sin serlo, de las cuales sí me avergüenzo. Y encuentro que están tan arraigadas en algunos sectores y tienen tal protagonismo y relevancia que no es tarea fácil desenmascarar el error.

Personalmente he llegado a la conclusión de que este error tiene que ver con una tendencia destructiva a confundir lo emocional con lo espiritual, a darle más importancia a ciertas ideas, experiencias o estrategias, o incluso doctrinas, que al propio evangelio de Jesucristo. Esta terrible incapacidad de distinguir entre lo esencial y lo secundario nos roba una cantidad enorme de energía, desvía nuestra atención de lo verdaderamente importante, nos resta eficacia como iglesia en el mundo y nos enreda en mil discusiones estériles.

Por eso me he planteado la pregunta: ¿cómo distinguir bien? ¿Cómo puedo diferenciar lo que es auténtico evangelio de lo que son complementos o adornos más o menos interesantes que se predican tanto y en tantos púlpitos, que para muchos ya hasta han llegado a «ser» el evangelio? ¡Gran peligro es este! ¡Mal asunto si estamos predicando como verdad de Dios cosas que son meras conjeturas o conclusiones nuestras! Jesús ya acusó a los fariseos de hacer esto mismo (Marcos 7.8–9).

¿Qué es entonces lo esencial, o quién dicta dónde empieza y termina lo uno y lo otro? Evidentemente, como hijos de Dios tenemos que estar de acuerdo en que la autoridad máxima es Dios y su Palabra revelada, la Biblia. Y creo que en esta declaración de Romanos 1.16, Pablo da en el blanco. Es algo que he aprendido sobre la marcha y que me sirve perfectamente para encontrar el equilibrio. Porque lo que yo quiero es predicar el evangelio, no otra cosa, ese es el propósito de mi vida. Lo que salva las vidas es el mensaje y el poder del evangelio, no las opiniones, culturas o estilos personales de nadie, dicho con todo el respeto. Así que lo único esencial es el EVANGELIO, con mayúsculas, y según esta frase de Pablo, yo diría que el evangelio de Jesucristo reúne cinco características:

1. **Es una noticia (evangelio = buena noticia), y como tal debe ser comunicada.** Es un mensaje que debe ser entregado. Pero no es «cualquier noticia» o mensaje, no es «cualquier historia» sobre alguna experiencia personal más o menos impactante; se trata concreta y exclusivamente del mensaje de la cruz de Cristo, ningún otro. Es la historia del amor de Dios revelado en la persona de Jesucristo a través de su ministerio en la tierra: su nacimiento, vida, muerte, resurrección, ascensión, la promesa y venida del Espíritu Santo, y lo que eso significó y significa para nosotros. Ninguna otra historia o noticia es evangelio. Solo esta.
2. **Es poder divino (...porque es poder de Dios...).** Evidentemente no es carisma ni talento humano, ni capacidad intelectual de convicción o de sugestión, ni mucho menos de manipulación, ni oratoria, sino poder transformador de Dios que no necesita ayuda humana. Esto significa que hablamos de algo sobrenatural que no se puede producir a partir de herramientas convencionales.
3. **Salva a las personas (...para salvación...).** ¿Pero de qué salvación estamos hablando? Salva a las personas... ¿de qué? Salva del infierno, del pecado, no de los contratiempos, imprevistos o

incomodidades inherentes a la limitada vida sobre el planeta tierra. Salva nuestras almas, nos hace nacer de nuevo, espiritualmente, y tener una esperanza de vida eterna en lugar de condenación eterna. Esa es la salvación de la que hablamos.

4. **Es por la fe (...a todo aquel que cree...)**. Es decir que llega hasta nosotros por la mera fe en Jesús, en su sacrificio y en su obra redentora en la cruz del Calvario. Por ninguna otra vía que no sea la fe. «Porque por gracia sois salvos por medio de la fe; y esto no de vosotros, pues es don de Dios; no por obras, para que nadie se gloríe» (Efesios 2.8–9).

5. **Funciona para todos, en cualquier cultura (...al judío... y también al griego)**. Es decir, que su eficacia no varía dependiendo de la persona, lugar, costumbres o época. Da lo mismo si es en América, Europa, Asia, África u Oceanía, si estás en el Ecuador o en el Polo, en un submarino por el fondo del mar o en un cohete rumbo a Marte, cuando el mensaje del evangelio te alcanza, funciona y es relevante, independientemente de quién seas, dónde estés y cuál sea tu procedencia.

Así que el verdadero evangelio que tiene que ser predicado es la buena noticia de que Jesús murió y pagó por nosotros en la cruz, de modo que tenemos acceso al Padre por la fe en Él. Eso es lo que tiene que ser predicado porque eso es poder de Dios, poder sobrenatural para salvar a las personas, es recibido por fe, y funciona en cualquier época o contexto cultural. Y la transformación que este mensaje produce en el ser humano es tal, que comienza a vivir en «novedad de vida» (Romanos 6.4), una vida conforme al evangelio (y no viceversa: «un evangelio adaptado lo más posible a mi forma de vida», concepto muy extendido hoy, lamentablemente).

Todo lo demás, todo lo que no reúna estas cinco características, es secundario, es un añadido al evangelio, son cosas que no tienen que ver con la cruz de Cristo ni con el poder de Dios. No salvan, no se fundamentan en la fe, no son aplicables a cualquier cultura, son complementos, adornos, modas, tendencias, emociones, temas interesantes, experiencias, estrategias de marketing, ideas más o menos apropiadas que funcionan en una época o país, para un determinado grupo étnico, para cierta edad, para matrimonios, para ciertos contextos culturales, para una situación determinada, pero no son para todos por igual, ni mucho menos salvan a nadie.

Tengo amigos en los cinco continentes, así que simplemente, como ejemplo, hago la siguiente pregunta: ¿hay diferencias entre lo que se predica habitualmente en las iglesias de Canadá y lo que se suele predicar en las iglesias de Calcuta? La respuesta evidentemente es *sí*. Se suelen abordar temas distintos por el contexto. Otra pregunta: ¿hay acaso un evangelio particular para Canadá y otro diferente para Calcuta? ¿O el evangelio es siempre el mismo? Por supuesto, la respuesta es que solo existe un evangelio. Por lo tanto, si lo que se predica en un púlpito y en otro no es lo mismo, entonces no siempre se está predicando el evangelio. Porque el evangelio es el mismo aquí y allá. Pero lo que se predica, no lo es siempre. Admitamos que parte, mejor dicho, gran parte de lo que predicamos entonces no es exclusivamente el evangelio porque funciona solo en nuestro contexto y no podríamos predicar exactamente lo mismo en otro país. Ni siquiera se nos ocurriría, por simple sentido común.

No estoy diciendo que todo lo que se predica sea malo, de hecho hay cosas muy buenas, existen herramientas fantásticas y adecuadas a cada lugar, parábolas con mucho sentido para ciertos contextos (inservibles en otros), gracias a Dios por todo ello; solo digo que hay un peligro que se debe tener en cuenta puesto que no todo lo que se predica puede ser considerado estrictamente evangelio, porque no lo es. No todo está en la categoría de lo esencial, de lo incuestionable. Hay muchos temas que no pasan de ser opiniones humanas, estrategias importadas, ejemplos limitados, y normas prácticas que pueden aportar mucho en un momento o lugar determinado, pero no son el núcleo del mensaje (sin entrar ya en cuestiones meramente culturales o mecanismos de manipulación de la audiencia, tema que merecería un capítulo aparte).

Y en el otro lado de la moneda está la otra parte. ¿Cuánto de lo que hacemos como iglesia representa verdaderamente a Jesucristo? ¿Cuántas iglesias o cuántos cristianos alrededor del mundo estamos realmente trayendo gloria al Nombre del Señor, y no vituperio? ¿Cuántos de nosotros somos santos en toda nuestra manera de vivir, como aquel que nos llamó es santo (1 Pedro 1.15, paráfrasis)? ¿Cuántos somos de verdad la luz del mundo y la sal de la tierra? ¿En cuántos de nuestros templos reconoceríamos a Jesús si entrara disfrazado porque todo lo que hacemos allí dentro es para Él? O peor aún, ¿en cuántos de nuestros macroeventos, si Jesús entrara disfrazado, nos reconocería? ¿Diría que somos suyos? ¿O tendría una reacción muy parecida a la que tuvo en Jerusalén cuando volcó las mesas?

Creo que el reto más grande que tenemos por delante como iglesia de Jesucristo hoy en día es aprender a diferenciar muy bien lo esencial de lo secundario, no aceptar lo secundario como esencial, darle al evangelio el lugar preeminente y a todo lo demás ponerle un signo de interrogación, venga de donde venga, en lugar de adoptarlo automáticamente sin analizarlo antes, como si fuera la última revelación absoluta de Dios simplemente porque a alguien famoso le haya funcionado, o porque en la actualidad muchos lo estén haciendo.

Por lo tanto, de lo que yo no me avergonzaré jamás es del evangelio de Jesucristo, porque es poder de Dios para salvación a todo aquel que cree, al judío primeramente y también al griego. Pero todo lo demás es cuestionable, es discutible... y, por cierto, algunas cosas desde luego sí son como para avergonzarse.

Capítulo 3

LO INMUTABLE

No hace mucho volví al barrio en el que me crié y a la casa en la que viví hasta los ocho años. Fue una experiencia muy interesante, llena de recuerdos, hasta pude saludar a personas que no veía desde el tiempo de mi infancia. Pero fue un choque. Porque nada era exactamente como lo recordaba. Lo que más me impresionó fueron los lugares, especialmente la casa y sus alrededores. En mi memoria todo era mucho más grande. La habitación en la que viví durante tantas horas, el patio en el que jugaba, la cocina, el baño... ¡TODO!... lo vi tan pequeño... hasta me pregunté cómo habíamos podido vivir allí toda la familia durante tanto tiempo.

Mi conclusión fue la siguiente: evidentemente la casa no es más pequeña ahora. Lo que ha ocurrido es que yo he crecido y veo las cosas desde una perspectiva diferente a como quedaron registradas en mi memoria de niño. Además ya no está la gente que solía estar y los que quedan tampoco son los que eran. Nada es lo que era, todo ha cambiado: los tiempos, la situación y las personas... excepto la casa. Por eso es una sensación rara.

Vivimos en un mundo cambiante. Las personas de mayor éxito son aquellas que consiguen adaptarse rápidamente a las nuevas situaciones. Conozco a un señor de ochenta y cuatro años que tiene un *smartphone* [teléfono inteligente] y manda mensajes por internet. Y conozco a otros que con menos edad no son capaces de comprender lo que es un fax. Tenemos que reconocer que vivimos en una sociedad con oscilaciones tan vertiginosas que las diferencias de una generación a la siguiente son mucho mayores que antes. La velocidad de los cambios es cada vez mayor y no es fácil adaptarse. Pero aquel que se aferra a lo antiguo, tarde o temprano se frustrará y no encajará.

Hace unos meses mi madre fue al Ayuntamiento a solicitar un formulario para hacer una gestión. La funcionaria le dijo que tenía que bajárselo de la web en un PDF, imprimirlo, escanearlo y mandárselo por correo electrónico, a lo que mi madre muy enfadada respondió que ni ella tenía ordenador ni tampoco la menor intención de adquirirlo, y que si para cumplir con las exigencias del Ayuntamiento hacía falta un ordenador ya podía venir el alcalde a comprarle uno.

Claro. No nos damos cuenta de la aceleración de los cambios y si no andamos listos, nos quedamos atrás. Si yo mismo tengo que esforzarme en entender el lenguaje de mis hijos. Sin hablar de la música, los estilos, los peinados, los temas de conversación. Todo ha cambiado y sigue en constante transformación. La moneda, los gobiernos políticos, la permisividad de los padres, los horarios, los sistemas de comunicación, nuestros gustos, ¡nuestro aspecto!... Hace poco se me ocurrió echar mano de un álbum familiar de fotos... ¡menudo susto! Cuánto nos reímos y cuánto nos sorprendimos de cómo hemos cambiado y cómo han «mutado» nuestras amistades a lo largo del tiempo. ¡Si parecemos los X-men! ¿En qué estábamos pensando cuando nos vestíamos y nos peinábamos así?... y encima hasta nos parecía «cool»... desde luego si crees que no has cambiado nada, solo echa un vistazo al álbum de familia. Te convencerá definitivamente.

Y uno de nuestros mayores problemas es precisamente este: somos seres cambiantes tratando con un Dios inmutable. Eso nos cuesta. Siempre recuerdo una conversación con un compañero de estudios que me decía: «Marcos, el cristianismo está destinado a desaparecer del planeta. Porque en una sociedad cambiante, en la que todo se transforma, la industria avanza, la tecnología avanza, los descubrimientos nos proporcionan nuevos conocimientos, la ciencia avanza, los conceptos cambian, las conclusiones son otras... uno tiene que adaptarse o morir. Y una religión que se aferra a principios de hace veinte siglos, sencillamente no puede prevalecer. O se adapta, o desaparecerá en pocos años».

Comprendo a mi amigo, aunque no comparto su argumento. Yo le creo más a un nazareno que dijo: «El cielo y la tierra pasarán, pero mis palabras jamás pasarán» (Mateo 24.35). Sin embargo, también veo que mi compañero expresó claramente la preocupación de muchos cristianos. ¿Cómo vamos a prevalecer con una filosofía inamovible, con unas creencias inmutables, en medio de una sociedad que no hace otra cosa que transformarse constantemente? ¿Cómo vamos a alcanzar a un mundo cambiante, con ideas fijas que tuvieron su origen en el siglo primero?

Así que tratamos de «cambiar» algunas cosas para adaptarnos a los tiempos. Intentamos amoldarnos a una sociedad en movimiento para no ser tan chocantes, para no parecer tan raros, para convencer al mundo de que en realidad no somos tan diferentes y tenemos muchas cosas en común. Confiamos así en evitar el rechazo general y ser más relevantes y atractivos. Y, seamos sinceros, confiamos también en conseguir de este modo algo de lo que hoy llamamos «éxito personal». A nadie le amarga un dulce y a nadie le apetece picar piedra o predicar en el desierto. Así que de manera natural tendemos a hacernos el camino un poco más fácil, de ser posible sin que se note mucho...

Pero de nuevo nos confundimos si pensamos que podemos mover los principios de Dios. Porque son como la casa en la que crecí: solo al volver a ella me doy cuenta de cuánto hemos cambiado todos. Con Dios es igual. Podremos cambiar de país, de idioma, de moneda, de época, etc., en otras palabras, podremos cambiar las formas. Pero por más que tratemos de contextualizar el mensaje del evangelio no podremos nunca cambiar la naturaleza de Dios. Ese es un gran dilema para los cristianos, porque seguimos siendo seres humanos presos en un mundo cambiante y vamos cambiando con él, adaptándonos a los tiempos, de modo que ciertas cosas que antes nos parecían indecentes, ahora nos parecen aceptables y las toleramos. Nos autoconvencemos entonces con argumentos como que «estamos en la era de la gracia» y que «no podemos ser tan intolerantes» etc.

El problema es que nos las estamos viendo con un Dios inmutable para quien el pecado será siempre pecado, la transgresión será siempre transgresión y la iniquidad será siempre lo mismo. El problema es que ese Dios al que predicamos resolvió la situación proveyendo un único camino, el evangelio de Jesucristo, y no negociará jamás otro camino posible. El problema es que mientras nosotros cambiamos con los tiempos, Él permanece inmutable en su esencia y aseveraciones, y esperar que algo cambie en este sentido es luchar contra Dios. El evangelio no cambiará nunca. ¿Qué hacemos con eso?

Capítulo 4

LO VARIABLE

Si el evangelio de la cruz es lo inmutable, al otro lado de la moneda se encuentra la cara. Porque si bien es cierto que servimos a un Dios inmutable, también es verdad que necesitamos cambiar en muchas cosas como iglesia si queremos ser relevantes y llevar eficientemente a cabo el cumplimiento de la Gran Comisión y del Gran Mandamiento, a mi parecer los dos grandes encargos que Jesucristo nos deja en su Palabra y para cuyo desempeño estamos aquí. Así que esa es la otra parte, la que tiene que ver con el segundo error. Parece una contradicción pero no lo es: comprendiendo el carácter inmutable de Dios y del evangelio de Jesucristo, hay otras cosas, sin embargo, en las que precisamos cambios urgentes.

En Romanos 10.1–13 el apóstol Pablo se expresa de la siguiente manera respecto a sus hermanos israelitas:

> Hermanos, ciertamente el anhelo de mi corazón, y mi oración a Dios por Israel, es para salvación. Porque yo les doy testimonio de que tienen celo de Dios, pero no conforme a ciencia. Porque ignorando la justicia de Dios, y procurando establecer la suya propia, no se han sujetado a la justicia de Dios; porque el fin de la ley es Cristo, para justicia a todo aquel que cree. Porque de la justicia que es por la ley Moisés escribe así: El hombre que haga estas cosas, vivirá por ellas. Pero la justicia que es por la fe dice así: No digas en tu corazón: ¿Quién subirá al cielo? (esto es, para traer abajo a Cristo); o, ¿quién descenderá al abismo? (esto es, para hacer subir a Cristo de entre los muertos). Mas ¿qué dice? Cerca de ti está la palabra,

> en tu boca y en tu corazón. Esta es la palabra de fe que predicamos: que si confesares con tu boca que Jesús es el Señor, y creyeres en tu corazón que Dios le levantó de los muertos, serás salvo. Porque con el corazón se cree para justicia, pero con la boca se confiesa para salvación. Pues la Escritura dice: Todo aquel que en él creyere, no será avergonzado. Porque no hay diferencia entre judío y griego, pues el mismo que es Señor de todos, es rico para con todos los que le invocan; porque todo aquel que invocare el nombre del Señor, será salvo.

Conmueve el gran cariño y la preocupación con que se refiere a los judíos. Precisamente él que es rechazado por ellos y enviado a los gentiles, el más libre de todos los apóstoles, quien incluso reprende a Pedro por su conducta ambigua en cuanto a la práctica de ciertos rituales hebreos y la confusión que podían traer a los débiles en la fe (Gálatas 2), reconoce, sin embargo, no solo sus raíces israelitas (de la tribu de Benjamín), sino su profundo deseo de salvación para los que sigue considerando como «su pueblo, su gente, sus hermanos». Pero al hablar de ellos analiza con gran acierto el problema que tienen para aceptar plenamente el evangelio de Jesucristo, y lo expresa magistralmente con las palabras: «doy testimonio de que tienen celo de Dios, pero no conforme a ciencia».

El original griego para la palabra *ciencia* en este versículo es *epignosis* que se puede traducir más literalmente como *discernimiento*. Discernir es precisamente distinguir, diferenciar y decidir entre lo bueno y lo malo, lo correcto y lo incorrecto. Lo que Pablo está diciendo de sus hermanos hebreos es que él es testigo de su auténtica pasión. Son genuinos en su fe y llevan la práctica de su religiosidad a unos límites admirables. Son personas totalmente entregadas a aquello en lo que creen, sin embargo no disciernen. No distinguen correctamente. Confunden lo formal con lo esencial.

Tampoco es algo nuevo, más bien parece una constante. Ya Moisés en el Antiguo Testamento cometió el mismo error y le costó muy caro. En una ocasión, Dios le había provisto milagrosamente agua de la roca para todo el pueblo de Israel que venía quejándose por la sed en el desierto. Al golpear la peña con la vara siguiendo las instrucciones divinas, sucedió el milagro y el pueblo bebió hasta saciarse (Éxodo 17.6). Sin embargo, más adelante, en una situación muy parecida, Dios le dio indicaciones diferentes y Moisés desobedeció porque estaba airado (Números 20.8–11). En esta ocasión, Dios le ordenó hablarle a la roca para paliar la sed del pueblo, pero él la golpeó como la primera vez, pensando que aquella era una «técnica» válida puesto que había funcionado antes. Y no se equivocó en cuanto al resultado puntual del momento porque la roca dio tanta agua que bebió la congregación entera y sus animales. El conflicto quedó instantáneamente resuelto. Pero el precio que pagó Moisés por su indisciplina fue muy alto ya que debido a este episodio concreto de desobediencia quedó excluido de la entrada a la tierra prometida. Punto. No hubo más oportunidad para él. Porque el principio de sometimiento a Dios está por encima del milagro en sí y no se puede sacrificar la obediencia a Dios por una técnica que funciona y que provee solución momentánea a un problema. Es muy importante discernir que Dios abasteció de agua a la congregación por amor a su pueblo, pero no pasó por alto la desobediencia de Moisés. No se puede encajonar a Dios en una forma concreta, por más que en otro instante haya funcionado. Puede que salgamos del paso en el momento pero no nos engañemos: no resultará gratis.

Esto sucede constantemente. Confundimos la inmutabilidad de Dios con la variabilidad de los métodos y maneras en que Dios se manifiesta. Vemos a Dios juzgando al mundo con un diluvio en tiempos de Noé (Génesis 6—8); sin embargo, en tiempos de Abraham envió su juicio sobre dos ciudades haciendo caer fuego del cielo (Génesis 19). Antes de eso, ante la construcción de la torre de Babel, intervino confundiendo las lenguas (Génesis 11). El mismo Jesús utilizó métodos diferentes: en una ocasión sanó a un hombre leproso tocándole (Mateo 8.3), pero en otra ocasión sanó a diez leprosos ordenándoles que fueran a presentarse al sacerdote, y el milagro sucedió lejos de Jesús, mientras caminaban (Lucas 17.11–19). No hubo contacto físico. Sanó a un ciego con la sola palabra de sanidad (Lucas 18.40–42) y a otro le untó lodo en los ojos y le mandó al estanque a lavarse la cara (Juan 9), mientras que a otro le escupió en los ojos y recuperó solo parte de la vista por lo que tuvo que tocarle una segunda vez para que pudiera ver correctamente (Marcos 8.22–26).

Sin embargo, nosotros tendemos a aferrarnos a una manera determinada de hacer las cosas, como si nos especializáramos en «formas». Es como si nos quedáramos solo con el momento preciso del milagro y apuntáramos todos los detalles para repetirlos después. Y nos organizamos en grupitos. Tenemos a los que para sanar a un ciego creen que hay que escupir, y luego están los que creen más en el método del lodo en los ojos, o también aparte los que opinan que solo hay que decir la palabra, nada de contacto. Y curiosamente los tres son bíblicos. Pero los tres corren el riesgo de convertirse en posturas sectarias y derivar en confusión para mucha gente y disgregación en el cuerpo de Cristo, simplemente por aferrarse a una forma.

Es posible que tú pienses que a ti esto no te sucede, pero yo tengo que confesar que mis mayores errores han sido de este lado de la moneda. Y te advierto que esto ocurre mucho más rápido y más fácilmente de lo que solemos estar dispuestos a reconocer. Pasa en todos los lugares y en todos los contextos. Dios hace algo milagroso de una manera determinada y nos quedamos antes con la forma que con la esencia... nos aferramos al corito que estábamos cantando ese día, o a la atmósfera que se había creado en ese momento, o a la persona que predicó o que oró en ese culto, y tratamos de repetir lo que ocurrió en el mismo orden y en la misma forma, porque queremos recuperar el momento. Pero lo que pasamos por alto es que al hacerlo, estamos cometiendo el mismo error de Moisés, creemos haber descubierto por fin la fórmula y nada más lejos de la realidad. Dios sigue hablando y aunque Él es inmutable, puede que sus instrucciones concretas en este preciso momento ya sean diferentes. Sin embargo, nosotros armamos un método y hasta lo vendemos, hacemos con él un becerro de oro, una torre de Babel, y acabamos sembrando más confusión que bendición. Porque cuando nos quedamos con la forma, normalmente terminamos ignorando el principio, adoramos a la criatura antes que al Creador, se nos va la vida y se nos queda una liturgia muerta alrededor de la cual comenzamos a danzar y a construir toda nuestra vida.

Necesitamos cambiar. Mantengamos inalterables los principios de Dios, pero cambiemos nuestras formas, de lo contrario limitaremos nuestra eficacia y pondremos acotaciones humanas a lo que Dios quiere hacer. Le sucedió al mismísimo Pedro, el gran hombre de Dios, el discípulo de Jesús, el apóstol del momento, lleno del Espíritu Santo pero en su humanidad judío de judíos, y como escribiría Pablo más tarde «con celo de Dios, pero no conforme a ciencia». En Hechos 10 le encontramos en Jope, en casa de un tal Simón el curtidor, sumido en un trance por una visión espiritual que no es capaz de comprender. Dios le muestra un lienzo por tres veces y le dice «mata y come», y el fiel discípulo responde «Señor, no».

¿«Señor, no»?

Hace muchos años escuché a una querida hermanita compartiendo un pensamiento sobre este pasaje bíblico y dijo algo que nunca olvidé: «Las palabras “Señor” y “no” no pueden ir juntas en la misma frase». Claro, porque si es tu Señor no le puedes decir «no», y si le dices «no» ya estás demostrando que realmente no es tu Señor.

El bueno de Pedro no es capaz de discernir que Dios está por encima de su judaísmo y de las formas que trae encima desde niño.

Cree haber superado las barreras de su propia humanidad y que se encuentra en un nivel espiritual en que ya no le afectan sus prejuicios carnales, pero sigue siendo muy vulnerable. Y Dios tiene que repetirle el mensaje tres veces hasta que por fin lo entiende (¿nunca has pensado que el tres debió ser el número favorito de Pedro?), la idea era «no llames inmundo a aquello que Dios limpió».

Me temo que muchos confundimos las dos caras de la moneda y nos quedamos estancados sin saber muy bien a veces qué está pasando, si es cara o cruz. Eso me genera muchas inquietudes que quiero compartir en los próximos capítulos. Antes de eso, un ejemplo bíblico al respecto que me encanta y que nunca antes había visto en esta dimensión.

Capítulo 5

UN EJEMPLO BÍBLICO

Nos trasladamos a 1 Samuel 17, al fabuloso cuadro de David y Goliat en Israel, bajo el reinado de Saúl. Qué historia tan épica, tan ejemplar y de tanta enseñanza. Es inmortal.

No hace falta detallarla mucho puesto que todos la conocemos. Lo que nunca había visto hasta ahora es cómo se desarrollan los acontecimientos desde la perspectiva de estas dos caras de la moneda: los principios y las formas. ¿Me explico?

Es cierto que Saúl ya había sido desechado por Dios y que Samuel ya había ungido a David aunque eso aún no era del dominio público. También es cierto que este episodio proporciona el teatro ideal para la entrada en escena de David, y Dios lo sabe y así lo dispone. Pero al margen del gran cuadro, yo trato de analizar qué fue lo que le sucedió al pueblo de Israel en aquella batalla, qué le pasó a aquel ejército invencible que tenía a Dios de su lado y que había derrotado muchas veces ya a los filisteos anteriormente. Eran el pueblo elegido, Jehová estaba con ellos, sabían luchar, estaban preparados, no eran cobardes... ¿qué sucedió?

Creo que lo que les paralizó fue un tema de formas. Literalmente. Si los filisteos hubieran planteado la batalla en la «forma» habitual, ellos habrían sabido responder. Incluso aunque el enemigo les hubiera superado ampliamente en número, Israel habría peleado. Conocían sus posibilidades y estaban acostumbrados a ver cómo Dios luchaba a su favor. Ya habían pasado por aquello antes. Poseían armas, sabían utilizarlas, tenían estrategias, comprendían bien los pormenores de una batalla... lo que no esperaban para nada era que saliera un bigardo de tres metros como aquel y les propusiera una manera diferente de hacer las cosas. Aquella iniciativa les bloqueó y les mantuvo suspendidos durante cuarenta días. Hasta que llegó David.

David no conocía la batalla pero conocía a Jehová. Él no estaba afiliado a una manera concreta de hacer las cosas, simplemente abrigaba en su corazón un principio: «Dios está conmigo y Dios no está con el gigante. Esa es mi salvación y esa es también su perdición. Y nadie puede agredir al pueblo de Dios y blasfemar contra Jehová de esa manera y salir ileso». Por lo tanto indagó los motivos por los que nadie hacía frente al gigante y finalmente se ofreció a pelear, seguro de sí mismo, o mejor dicho seguro de quién era su Dios. Así lo manifestó en su conversación con Saúl.

> Tu siervo era pastor de las ovejas de su padre; y cuando venía un león, o un oso, y tomaba algún cordero de la manada, salía yo tras él, y lo hería, y lo libraba de su boca; y si se levantaba contra mí, yo le echaba mano de la quijada, y lo hería y lo mataba. Fuese león, fuese oso, tu siervo lo mataba; y este filisteo incircunciso será como uno de ellos, porque ha provocado al ejército del Dios viviente. Jehová, que me ha librado de las garras del león y de las garras del oso, él también me librará de la mano de este filisteo (1 Samuel 17.34–37).

A lo que el rey solo supo responder: «Ve y Jehová esté contigo» (1 Samuel 17.37). En otras palabras: «Que vaya Dios contigo porque yo no pienso ir».

Cuando Saúl trata de ayudar a David invitándole a utilizar su armadura y su espada, el muchacho rechaza el ofrecimiento tras constatar que no puede caminar con aquella indumentaria. No es ni mucho menos imprescindible para él. Es totalmente secundario. Desecha la costumbre tradicional y generalizada para un combate a muerte entre soldados, y escoge sin embargo «su» manera de hacer las cosas, demostrando a todos que la victoria y el poder de

Dios no tienen que ver con el método concreto, sino con la misma esencia de Dios, con su naturaleza y con sus principios. David cree firmemente que Dios librará a los suyos y peleará contra aquellos que se opongan a su pueblo o se atrevan a blasfemar su Nombre. La forma es lo de menos... Dios solo necesita una persona que le crea y que esté dispuesta a pagar el precio y caminar por fe en Él y en sus promesas.

En esta historia, esa persona fue David. No le importó la armadura de Goliat, ni su estatura, ni su capacidad de intimidar a todo el pueblo. Él no dominaba muchas técnicas de combate, de hecho solo era un pastor de ovejas, pero conocía por propia experiencia la naturaleza de Dios a la hora de ayudar a los que confían en Él. Lo había visto suceder anteriormente con el oso y con el león. Esto sería de otra manera, pero en esencia era lo mismo, así que escogió cinco piedras y armó la honda.

> Tú vienes a mí con espada y lanza y jabalina; mas yo vengo a ti en el nombre de Jehová de los ejércitos, el Dios de los escuadrones de Israel, a quien tú has provocado. Jehová te entregará hoy en mi mano, y yo te venceré, y te cortaré la cabeza, y daré hoy los cuerpos de los filisteos a las aves del cielo y a las bestias de la tierra; y toda la tierra sabrá que hay Dios en Israel. Y sabrá toda esta congregación que Jehová no salva con espada y con lanza; porque de Jehová es la batalla, y él os entregará en nuestras manos (1 Samuel 17.45–47).

Y la victoria fue suya. Durante toda su vida David mantuvo siempre esta actitud y vivió mil victorias más en Dios porque conocía su esencia, era un adorador de Dios, no un estratega o un especialista en artes bélicas. Como rey de Israel creó un ejército y cambió de táctica muchas veces en diferentes batallas, lo que no cambió nunca fue su comunión con Dios, y cuando lo hizo pagó las consecuencias. Sostuvo su reinado y fue un hombre conforme al corazón de Dios (Hechos 13.22) porque no le importaba la forma sino el principio, no le importaba el método sino la presencia de Dios. Más adelante le vemos usando una armadura convencional e incluso en una ocasión llegó a usar la espada del mismo Goliat. Es decir que tampoco hizo de su honda un amuleto como hubiéramos hecho más de uno. Diríamos: «La unción está en la honda». Y cometeríamos el mismo error de siempre. La unción la da el que nos unge, nuestro Dios. David lo supo siempre.

Por eso David es, a mi modo de ver, el más «neotestamentario» de todos los personajes «antiguotestamentarios». Porque es capaz de discernir en la era mosaica de la Ley, tan plagada de formas y rituales, verdaderos principios de la naturaleza de Dios. Descubre y descifra conceptos totalmente adelantados a su época, aproximándose y cautivando el corazón de Dios hasta llegar a mantener con Él una cercanía insólita y una amistad envidiable.

Parte II

En la práctica

Capítulo 6

I AM, YOU ARE, HE IS...

Cuando era un adolescente creí que sabía inglés. Llevaba años estudiando en el colegio y sacaba notas brillantes en inglés, así que cuando mis padres me pagaron un campamento de verano en Inglaterra pensé que me sobraban recursos y que aquello sería pan comido para mí. Sin embargo, al bajarme del avión y pisar el aeropuerto de Londres mis sensaciones cambiaron mucho. El oficial me pidió el pasaporte haciéndome una serie de preguntas tan incomprensibles para mí que terminé pidiendo un intérprete porque no lograba entender ni una sola de las palabras que salían de la boca de aquel inglés. Esa humillante experiencia me puso los pies en el suelo y me enseñó una lección importante: una cosa es la teoría y otra la práctica. Comprendí que *I am, you are, he is...* etc., era fantástico como base, pero no me servía mucho en la práctica para responder a la mayoría de las preguntas, y mucho menos para aprender a entender a los ingleses.

Para colmo, al salir a la calle por poco me atropellan porque en Inglaterra los coches llevan el volante a la derecha y circulan por el lado izquierdo de la carretera, al contrario que en España, y yo al cruzar la calle miraba en la dirección opuesta. Provoqué un pequeño caos y me gané los insultos de otro inglés al que tampoco entendí ni una palabra. Así que aterricé en el aeropuerto de Londres hinchado, volando por el aire y sintiéndome muy seguro de mí mismo, y salí del aeropuerto de Londres desinflado, caminando sobre arenas movedizas y con más inseguridades de las que podía contar.

Sucede mucho. Es la cruda diferencia que existe entre la teoría y la práctica. Me ocurrió al aprender a conducir un automóvil. Me pasó con los estudios teológicos. Uno sale del instituto bíblico convencido de que ahora sí llegarán los cambios para la iglesia y para el mundo. «Conmigo llega el avivamiento». La práctica nos devuelve a la realidad de una buena bofetada.

Es lo que siento al tratar de explicar lo que sigue. Acabo de leer lo que he escrito hasta ahora y queda bien así, escrito, muy teórico: «Se rebajan principios y se elevan formas». Sin embargo, en la práctica no me resulta tan fácil diferenciar lo uno de lo otro. En realidad, a partir de aquí pretendía escribir una parte con la lista de principios del evangelio que solemos rebajar, y después otra parte con la lista de formas que elevamos a la altura de principios del evangelio. Pero me doy cuenta de que en la velocidad de la práctica, ambos errores suceden muchas veces juntos, es decir, al mismo tiempo. Si soy sincero, en ocasiones no puedo diferenciar si el error pertenece a una lista, o a la otra, o a ambas.

Por ejemplo, si habláramos de formas concretas de evangelismo que se presentan hoy en día como si fueran principios inmutables... ¿estamos rebajando un principio o elevando una forma? En realidad, creo que las dos cosas. Por lo tanto, aunque teóricamente entiendo que es muy importante analizar y distinguir que podemos estar incurriendo en uno de los dos errores, en la práctica basta con notar que estamos abandonando el modelo original y corregir el rumbo. Y eso es en realidad lo único que pretendo. Es como en la música. Yo conozco la teoría y las normas convencionales de la armonía y los acordes, los compases etc. Pero en la práctica no pienso mucho en ello. Al cantar o tocar un instrumento, el oído me guía y me avisa cuando algo está sonando mal y sé que esa no es la nota correcta, por eso la evito o la corrijo sobre la marcha. La teoría me ayuda a hacer un análisis más exhaustivo para ponerle nombre al error y estudiarlo convenientemente, pero la ejecución musical en la práctica requiere una reacción inmediata. Igual que con el idioma. Aprendí más inglés en la práctica de las conversaciones diarias que en los libros de teoría.

De modo que pido disculpas por anticipado si a partir de aquí escribo un poco a borbotones, casi como si estuviera pensando en voz alta. Probablemente en algunos momentos no resulte muy ortodoxo, pero quisiera simplemente reflexionar acerca de algunos temas prácticos que observo y en los que estamos o bien rebajando principios o ensalzando formas, o ambos, pero en cualquier caso creo que estamos vulnerando el plan original. Y cada vez que lo hacemos le restamos poder al evangelio. Mucho más: lo inutilizamos.

Me recuerda mucho a las palabras de Jesús en Mateo 5.13, donde les dice a los suyos: «Vosotros sois la sal de la tierra; pero si la sal se desvaneciere, ¿con qué será salada? No sirve más para nada, sino para ser echada fuera y hollada por los hombres». Es imposible ignorar aquí las dos partes de la frase. Por un lado Jesús dice que somos la sal de la tierra. No puedo pensar en ningún piropo más bonito. Decirle a alguien que es la sal de la tierra es como decirle que da sabor a la vida, que evita la corrupción, que derrite el hielo, que sana las heridas y otras muchas cosas más que tienen que ver con la sal. Lo que Jesús nos dice aquí es maravilloso, es como para subirle a uno la autoestima, no es cualquier cosa. Sin embargo, no es lo único que dice. Añade que si la sal se desvanece, es decir, si pierde sus propiedades («si la sal se hiciere insípida» [Marcos 9.50; Lucas 14.34]), si pierde su sabor... ya no sirve para NADA. No es que ya no funcione igual, o que ya no tenga el mismo efecto, no, lo que dice es que no sirve absolutamente para nada. Ahí es donde está la radicalidad del asunto: o eres sal, o pierdes el sabor... ¡y ya no sirves para nada! Del mismo modo, el evangelio es poder de Dios para salvación, pero si adulteramos el mensaje, si lo aguamos, si le sacamos la cruz de Cristo y las propiedades que tiene, no sirve absolutamente para nada, ni siquiera es una filosofía interesante. Solo sirve para ser hollado, es decir, pisoteado por los hombres. Y ninguno de nosotros deseamos algo así.

Pongámosle, pues, el nombre que queramos pero, por favor, analicemos las cosas que suceden en nuestra práctica diaria porque verdaderamente merecen un análisis serio. Por amor al evangelio.

Capítulo 7

UN MILLÓN DE AMIGOS

No sé muy bien por dónde empezar. Creo que hablar de la persona de Jesús es un buen comienzo. Si yo pudiera viajar en el tiempo iría, sin dudarlo, a los días de Jesús. Solo querría escucharle, no le dejaría en paz ni a sol ni a sombra, lo acosaría con preguntas y mucho me temo que terminaría reprendiéndome tarde o temprano.

Pero es que tengo que reconocer que Jesús es mi obsesión. Si Él habla no me importa lo que digan otros, su opinión representa para mí el centro del universo, es decir que todo lo demás debería girar alrededor de lo que Él dice. Me encantaría tenerle más cerca. ¿Se supone que esto es lógico en un cristiano o estoy un poco loco?

De jovencito leí las siete Crónicas de Narnia, de C. S. Lewis. Más que leerlas las devoraba, y mis ojos volaban sobre las maravillosas descripciones de Narnia, la trama y los diálogos, impaciente, deseando que en algún momento asomara Aslan, el gran león, para escuchar lo que tenía que decir. Cuando Él aparecía, mi velocidad de lectura se relajaba y me quedaba enganchado porque no quería que la escena terminara nunca.

La amistad de Jesús me es más valiosa que todo el oro del mundo. Eso significa literalmente que preferiría ser pobre y tener su amistad, a ser rico y no tenerla. Es decir que no hay nada ni nadie que pueda llegar a interesarme más que su opinión y su aprobación. Sí, he dicho aprobación, porque la amistad con Jesús está condicionada por la obediencia a Él. Al menos eso es lo que yo entiendo cuando leo en Juan 15.14: «Vosotros sois mis amigos, si hacéis lo que yo os mando». Creo firmemente que estas palabras tienen la categoría de «principio» que no puede ser rebajado.

Y claro, para todos nosotros, la palabra *amistad* tiene un significado muy diferente. La entendemos mucho más como una relación maravillosa y cercana con alguien, en la que se dan elementos importantes para nosotros como el cariño, la complicidad, el respeto mutuo, gustos e intereses similares, afinidad en algunos conceptos, y sobre todo aceptación de ciertos límites, cosa que incluso refuerza el vínculo. Esto es muy importante en nuestras relaciones humanas, porque para hablar de amistad con alguien necesitamos que la persona en cuestión nos trate de igual a igual, que no solo sienta cierta simpatía por nosotros, sino que además nos respete como individuo, que no nos mire por encima del hombro. Si lo hace, no es un amigo de verdad, solo tiene algún interés o quiere manipularnos. Y ahora viene el broche de oro: para que la amistad sea auténtica y tenga un sello definitivo de calidad, debe ser invariable e incondicional. «Soy tu amigo, aunque no lo veamos todo de la misma manera» y «ante todo, la amistad, no importan nuestras diferencias. Amigos para siempre».

Así que le damos a la amistad un valor muy alto. Es prácticamente como una virtud humana de gran precio. Se dice que el que tiene un amigo tiene un tesoro. Y traicionar a un amigo es lo peor que se puede hacer, o al menos está muy mal visto, a un amigo se le debe lealtad, pase lo que pase. «Un amigo es un amigo y punto». «Puede que no sea perfecto, pero es mi amigo». Son frases con una carga emocional fuerte y quien las pronuncia suele ser considerado ejemplar, una persona de principios. Por eso todo el mundo procura tener buenos amigos, cuantos más mejor, y nos emocionamos al escuchar la antigua canción de Roberto Carlos y la cantamos con sentimiento y convicción: «Yo quiero tener un millón de amigos...».[1] ¿Quién no?

El problema viene cuando tratamos de meter a Jesús en el mismo saco que al resto. No funciona. Porque es evidente que para Él, la amistad es otra cosa. Es un nivel de relación que conlleva cierta exigencia por su parte y que va más allá de su amor incondicional, que es la base.

O sea, por un lado, su amor hacia nosotros está fuera de toda duda razonable. ¿Podría acaso alguien decir que Él no nos ama, o que su amor hacia nosotros obedece a algún interés oculto? Ya nos demostró lo mucho que nos quiere, ya se entregó por nosotros, ya nos trató de igual a igual cuando nos dijo: «no os llamaré siervos, [...] os he llamado amigos» (Juan 15.15). Ya se humilló hasta lo sumo dejando su trono de gloria para venir a compartir nuestra miseria. Nunca nos tuvo en poco, al contrario, nos amó, descendió hasta nosotros, se inclinó para mirarnos a los ojos, a nuestra altura, pagó por nosotros y murió en nuestro lugar. Nadie podrá acusarle jamás de mirarnos por encima del hombro, o de no demostrar su sincero interés y cariño hacia nosotros. Pero cuidado con la otra parte: que su amor sea incondicional no significa que su amistad también lo sea. Son cosas distintas. Y la frase no ofrece lugar a dudas: «Vosotros sois mis amigos si hacéis lo que yo os mando».

Y en ese punto chocamos y resbalamos muchos. Porque esta realidad nos deja un par de dilemas imposibles de pasar por alto, ya que si verdaderamente los tomamos en serio, pueden hacer temblar algunos fundamentos de nuestro moderno estilo de vida cristiana. Y es ahí donde a mí se me acumulan los interrogantes. ¿Lo hemos entendido? ¿Vamos por buen camino o nos hemos desviado de la idea original? ¿Hasta qué punto conocemos a Dios y hasta qué punto Él nos conoce, o mejor dicho, nos reconoce? (Me refiero al lamentable caso de aquellos caballeros que, en Mateo 25, llegan con toda una lista de actividades realizadas en el Nombre de Jesús y tienen que escuchar las terribles palabras del Maestro diciendo: «No os conozco». Qué lástima y qué bochorno.)

Por eso digo que si pudiera viajar en el tiempo me iría a la época de Cristo, a preguntarle un poco más acerca de todo esto, a ver si es que yo lo he entendido mal o si, como creo, estamos vulnerando sus instrucciones en un intento de acomodar el evangelio cada uno a nuestra opinión personal, a nuestro estilo concreto, y a nuestra época puntual... y evidentemente como somos muchos y cada uno tiene su posición en según qué temas, pues tenemos muchos «evangelios» predicándose simultáneamente por el mundo. No es de extrañar que la iglesia esté dividida y que la gente se confunda.

Sospecho que el Maestro pondría sus manos agujereadas sobre la mesa y me despacharía con una mirada a los ojos, de esas profundas que se te clavan en el alma y no se te vuelven a olvidar en la vida, porque hablan por sí solas.

Aun así valdría la pena el viaje.

Capítulo 8

AMOR CRISTIANO CONTRA TOLERANCIA

Tolerancia es una de esas palabras que gozan de gran popularidad hoy, muy propia de los tiempos que vivimos. Representa una filosofía de vida actual, moderna, contraria a los absolutismos de otras épocas.

No deja de ser natural, porque la historia de los pueblos nos muestra tanta imposición, tantos crímenes y abusos cometidos contra personas inocentes simplemente porque eran distintas, que el solo término *intolerancia* nos horroriza, suena mal y huimos de él, no queremos que nadie nos lo aplique. Al contrario, nos halaga tener una reputación de practicar y defender la tolerancia. Con razón. Solo hace falta recordar cuántos millones de seres humanos han sido arrancados de sus familias, torturados y asesinados simplemente por su condición social, ideología, raza, religión, cultura, etc. Y lo peor es que, además, algunas de estas barbaridades (no todas, pero sí muchas) fueron perpetradas en nombre de la Iglesia Cristiana, supuestamente en nombre de Dios. En ciertos países, este comportamiento nos ha dejado en herencia una sociedad que, decepcionada con el cristianismo, utiliza estos episodios de la historia como argumento para justificar su estilo de vida anticristiano. Eso es triste. Y es obligado declarar que Jesús jamás comisionó a nadie a usar la fuerza o la violencia contra otros, al contrario, esas matanzas, guerras y persecuciones son producto de la corrupción y el fanatismo humanos, y nunca fueron el plan de Jesús para su iglesia. Él jamás lo hubiera autorizado.

Dicho lo cual, se impone aclarar que una cosa es la tolerancia como comportamiento cívico en medio de una sociedad secularizada y plural, y otra cosa muy distinta es rebajar las exigencias de

Jesús hacia aquellos que desean ser llamados «amigos» por Él. Es importantísima esta aclaración, porque en el momento en que uno se pone a cuestionar el término *tolerancia*, inmediatamente corre el riesgo de que le acusen de retrógrado, cazafantasmas, fariseo, legalista, inmisericorde y otras lindezas... En seguida se levantan voces gritando que estamos en la era de la gracia y cuestionando: ¿dónde está la misericordia?

Pero la realidad es que no es una cuestión de misericordia o juicio, sino de coherencia con lo que Jesús dijo. La misericordia de Dios hacia el ser humano es incuestionable, y el evangelio es la demostración más grande de dicha misericordia. El evangelio no es más que la buena noticia de que Dios no nos aplicó el castigo que merecíamos sino que tuvo piedad de nosotros, cargando sobre Jesucristo todo el peso de nuestros pecados, de modo que Él pagó el terrible precio de nuestra salvación muriendo por nosotros en la cruz. Eso es misericordia. Ahí queda claramente reflejada.

Pero una vez recibida, una vez aceptada, ¿qué significa ser cristiano, qué implica ser un hijo de la luz, qué condiciones y características debe presentar alguien que habiendo alcanzado la misericordia de Dios, ahora se dice seguidor, discípulo y amigo de Jesús?

Ahí es donde entra en juego lo que Jesús mismo dijo, porque después de dar la vida por nosotros, los términos de este Nuevo Pacto y las condiciones de esta nueva relación, las pone Él, no nosotros. Y a mi entender, aquí solo caben dos opciones: o mantenemos con firmeza sus mínimos, expresados claramente en sus enseñanzas, o nos ponemos a reinterpretarle convenientemente cada década, según la dirección que vaya tomando la sociedad, no vaya a ser que nos estemos quedando muy anticuados...

El problema con la segunda opción es que entonces lo que nos define es la sociedad, no los principios y enseñanzas de Jesucristo. Y eso no es aceptable, porque eso ya no es cristianismo. Por lo tanto solo nos queda la primera opción, es decir, mantener con firmeza los mínimos que Jesús nos pide.

Y aquí está de nuevo la importancia de distinguir entre principios y formas. Cuando hablo de «formas» me sigo refiriendo a metodologías concretas que funcionan bien o mal dependiendo del tiempo o la ocasión. Maneras o costumbres prácticas de realizar las cosas. Pero cuando hablo de «principios» me refiero a aquellas cosas que no varían nunca, independientemente del tiempo o la ocasión. Confundir ambos supone un error garrafal.

Y yo comprendo que vivimos una época en la que ciertas formas del pasado ya no son adecuadas, y si queremos que el mensaje del evangelio que transmitimos continúe siendo relevante, no podemos aferrarnos a «aquella manera» de hacer las cosas, como si los métodos fueran principios. Pero por el otro lado habrá que recalcar también que por más que nos adaptemos en cuestión de formas, siempre habrá principios inamovibles, verdades que son innegociables e incuestionables, aunque pasen veinte siglos más.

Por ejemplo, entiendo que la música de hoy no es como la del siglo pasado. Que a mí me guste más o menos solo revela mi tendencia personal y a qué estilo se inclinan mis preferencias musicales. Pero no puedo pretender que mi forma particular de registrar e interpretar la música sea un principio cristiano universal. Lo mismo con los estilos de predicación, los énfasis denominacionales, los métodos evangelísticos o los modelos de hacer iglesia. Aunque habría mucho que hablar y se podrían llenar páginas puntualizando acerca de cada una de estas cosas, lo cierto es que todas ellas entran en la categoría de formas. Solo son sistemas, procedimientos, tendencias, métodos, que tienen muchísimo que ver con la época, la cultura, el país, el idioma, el carácter personal del líder, etc. Pero no son principios. No son «la ley de Jehová» que «es perfecta, que convierte el alma» (Salmos 19.7). Las consecuencias de no comprender esto son terribles.

Sin embargo, hay otras cosas que no pueden ni deben ser tratadas como meras formas porque tienen una naturaleza distinta, pertenecen a un escalafón superior y no pueden ser degradadas. Hablo de principios, aquello que la Biblia, la Palabra de Dios, establece de manera categórica. Y no tengo interés en profundizar sobre aspectos teológicos en los que cabe mucha discusión y además no soy experto, solo hablo de la superficie. Creo firmemente que los mayores problemas de la iglesia de hoy no tienen tanto que ver con temas difíciles, reservados a filósofos, teólogos y eruditos, sino con conceptos muy simples, principios enseñados por Jesús que eran comprendidos hasta por los niños de la época, cosas como «ninguno puede servir a dos señores» (Mateo 6.24), «si alguno quiere venir en pos de mí, niéguese a sí mismo, tome su cruz cada día, y sígame» (Lucas 9.23–24), «buscad primeramente el reino de Dios y su justicia» (Mateo 6.33), «el que ama a padre o madre más que a mí, no es digno de mí; el que ama a hijo o a hija más que a mí, no es digno de mí» (Mateo 10.37).

¿Puede alguien imaginar que estas cosas deberían estar condicionadas por el tiempo, la época o la ocasión? ¿Cuánta tolerancia debemos poner en práctica frente al incumplimiento de estas demandas de Jesús?

Sin embargo, el pensamiento actual está más en la línea de: «Dios me ama y me acepta tal como soy, aleluya, así que quiero que ahora también me deje tal como estoy y me permita seguir viviendo a mi manera, ¿por qué debería cambiarme?». Y así se eleva a los altares la tan cacareada «tolerancia», confundiéndola neciamente con la esencia del verdadero «amor cristiano», y pasando por alto que el amor de Dios no se asemeja en nada a esta tolerancia moderna, al contrario, choca frontalmente contra ella. Porque el amor de Dios es tal que rehúsa dejarnos en el estado actual y se compromete a transformarnos a su imagen y hacer de nosotros la mejor versión posible. Y eso agrede la idea moderna de la tolerancia, porque incluye eliminar ciertas cosas de nuestra naturaleza vieja, pulir otras, transformar otras y un largo etcétera. Si nos deshacemos de esa parte de la obra de Dios en nosotros, esa parte que se llama santificación, que no es instantánea como la redención, sino dinámica, transformadora, y en absoluto tolerante, estamos adulterando el evangelio de Jesucristo y acomodándolo a nuestra conveniencia.

Lo que decía... una mirada del Maestro sería más que suficiente para sacarnos de dudas.

Capítulo 9

AISLAMIENTO

Estoy convencido de que una de las mayores lacras dentro de la iglesia actual es la tendencia al aislamiento en un hijo de Dios, y muy especialmente en los líderes o ministros del evangelio. Es una trampa mortal en la que muchos caen sin darse cuenta, cada vez más. Probablemente por la influencia de la filosofía individualista que gobierna nuestra sociedad, este comportamiento se ha instalado firmemente como otra «forma» de conducta cada vez más habitual, que se impone en los tiempos modernos del cristianismo, vulnerando el principio bíblico que presenta a la iglesia como el cuerpo de Cristo.

Como hijos de Dios, pertenecemos a un organismo vivo mucho más grande e importante que nosotros mismos, en el cual somos simples miembros interdependientes y no podemos subsistir solos ni aislados. Necesitamos la cobertura del cuerpo y la comunión con el resto de los miembros. La Biblia es muy clara en este aspecto y un vistazo al capítulo 12 de 1 Corintios debiera ser suficiente para liberarnos de cualquier duda. Frases como: «Si dijere el pie: Porque no soy mano, no soy del cuerpo, ¿por eso no será del cuerpo? Y si dijere la oreja: Porque no soy ojo, no soy del cuerpo, ¿por eso no será del cuerpo?» (12.15–16) o «Ni el ojo puede decir a la mano: No te necesito, ni tampoco la cabeza a los pies: No tengo necesidad de vosotros» (12.21). Si algo queda claro en el Nuevo Testamento es el concepto de CUERPO inherente a la iglesia de Jesucristo.

Además de esto, Jesús también habló de la unidad de los suyos. No solo de la unidad del cristiano con Él, claramente explicada en Juan 15 con el cuadro de la vid y los pámpanos, sino también de los unos con los otros. Difícilmente se puede pasar por alto el mensaje del Maestro en la oración de Juan 17:

> No ruego solamente por éstos, sino también por los que han de creer en mí por la palabra de ellos, para que todos sean uno; como tú, oh Padre, en mí, y yo en ti, que también ellos sean uno en nosotros; para que el mundo crea que tú me enviaste. La gloria que me diste, yo les he dado, para que sean uno, así como nosotros somos uno. Yo en ellos, y tú en mí, para que sean perfectos en unidad, para que el mundo conozca que tú me enviaste, y que los has amado a ellos como también a mí me has amado (Juan 17.20–23).

Es impensable, leyendo estos pasajes, llegar a la conclusión de que un hijo de Dios puede subsistir espiritualmente cortando la comunicación con el resto del cuerpo, o con cierta parte del cuerpo. Como miembro se pudre y se muere, y como heraldo de Cristo es una pantomima porque Jesús dijo que la unidad del cuerpo era necesaria para que el mundo creyera. ¿Qué mensaje transmite un miembro amputado?

Pero no solamente es antibíblico aislarse del cuerpo, sino que es además un peligro mortal que muchos ni siquiera sospechan. Al respecto hay un versículo que ha sido todo un descubrimiento para mí en el último tiempo. Se encuentra en 1 Juan 1.7: «si andamos en luz, como él está en luz, tenemos comunión unos con otros, y la sangre de Jesucristo su Hijo nos limpia de todo pecado».

Durante mucho tiempo me he preguntado qué tendrá que ver la «comunión unos con otros» con que la sangre de Jesús nos limpie de todo pecado. Es decir, si el perdón de los pecados es algo que adquirimos por gracia, por medio de la fe en Cristo, ¿cómo es que el apóstol Juan liga en este pasaje la comunión fraternal a la limpieza de todo pecado? ¿Es que una cosa condiciona la otra?

¿Acaso la limpieza de todo pecado peligra en mi vida si me aíslo de mis hermanos y no vivo en comunión con el resto del cuerpo de Cristo?

Evidentemente lo único que nos limpia de nuestros pecados es la sangre de Jesús: «la sangre de los toros y de los machos cabríos no puede quitar los pecados» (Hebreos 10.4), «pero Cristo, habiendo ofrecido una vez para siempre un solo sacrificio por los pecados, se ha sentado a la diestra de Dios» (Hebreos10.12). Por lo tanto, este asunto de la limpieza del pecado tiene que ver exclusivamente con mi actitud individual hacia lo que sucedió en la cruz, y mi relación personal con Jesucristo. El perdón de pecados es un tema que queda zanjado entre Dios y el ser humano cuando este reconoce su pecado, se arrepiente y pide perdón a Dios, aceptando por fe el sacrificio de Jesús en su lugar. Y la Biblia establece con claridad que hay un solo mediador entre Dios y los hombres, Jesucristo hombre (1 Timoteo 2.5). Por lo tanto, técnicamente, no hay necesidad de que ningún tercero entre en escena.

Sin embargo, la Biblia también declara de manera concluyente que el perdón de pecados está íntimamente unido a su confesión. «El que encubre sus pecados no prosperará; Mas el que los confiesa y se aparta alcanzará misericordia» (Proverbios 28.13). Y la confesión implica un reconocimiento previo. El pecado que no se reconoce en primer lugar y acto seguido se confiesa, no puede ser perdonado. Por lo tanto, esa limpieza de pecado operada milagrosamente en nosotros a través de la preciosa sangre de Jesucristo no es automática. Hay que clamar a Dios y pedirle su perdón, su favor, para lo cual es imprescindible que exista el reconocimiento y la confesión. La excusa, el tapujo, la autoexculpación, la autojustificación, la inculpación de otros, las explicaciones etc., sobran: «Si decimos que no tenemos pecado, nos engañamos a nosotros mismos, y la verdad no está en nosotros. Si confesamos nuestros pecados, él es fiel y justo para perdonar nuestros pecados, y limpiarnos de toda maldad. Si decimos que no hemos pecado, le hacemos a él mentiroso, y su palabra no está en nosotros» (1 Juan 1.8–10).

Por eso el aislamiento es una ratonera, es un suicidio espiritual, por más que se disfrace de mil maneras y se haya convertido actualmente en una «forma» habitual de comportamiento para muchos cristianos. Porque existen errores y pecados de los que uno no es consciente por sí mismo. Hay faltas que, a menos que mi hermano me las señale, nunca lograré verlas sin ayuda exterior. David oraba a Dios diciendo: «¿Quién podrá entender sus propios errores? Líbrame de los que me son ocultos» (Salmos 19.12). De modo que hay transgresiones, incluso iniquidades que por mí mismo jamás llegaré a confesar, a menos que alguien me abra los ojos y pueda verlas. ¡Para eso existe el cuerpo! David necesitó a un Natán. Yo necesito «Natanes» en mi vida y pido al Señor que me los envíe siempre que sea necesario, y que no cometa el error de aislarme y cerrar los oídos a su incómodo mensaje. Porque puedo ser muy sincero y estar al mismo tiempo muy sinceramente equivocado incluso respecto a mi propia conducta. Y no lograré reconocerlo a menos que alguien me ayude a verlo. Y si no lo reconozco, no lo confesaré, y si no lo confieso ¿cómo alcanzaré perdón de Dios?

De ahí que sea imprescindible la comunión con mis hermanos y por eso mismo «si andamos en luz, como él está en luz, tenemos comunión unos con otros, y la sangre de Jesucristo su Hijo nos limpia de todo pecado» (1 Juan 1.7). Por supuesto que está ligado lo uno con lo otro. Hay pecados que no reconoceré ni confesaré jamás a menos que tenga comunión con el cuerpo, porque no llegaré a reconocerlos. Creeré que lo estoy haciendo bien. Me engañaré a mí mismo. Por eso el aislamiento es destructivo.

Algunos tienen una imagen romántica de la iglesia. Como si la relación ideal dentro del cuerpo de Cristo se asemejara a una balsa de aceite, todo perfecto y ni un solo roce. Pero precisamente el propósito de la comunión con los hermanos va mucho más allá de hacer simples actividades, comer juntos, pasarla bien y tener armonía. Es también (entre otras cosas) que sean manifestadas nuestras carencias para su tratamiento en el contexto adecuado, el ser exhortados mutuamente, crecer en unidad, resolver conflictos juntos, cooperar en el crecimiento personal de cada miembro (aunque resulte perturbador a veces), tener un mismo espíritu y ser corregidos. Por supuesto, la disciplina y la corrección son cosas necesarias en ocasiones, cosas de las que nadie (insisto, nadie) está exento, y desde luego no pueden suceder al margen del cuerpo.

Es lamentable constatar cómo hay cristianos que creen estar por encima del resto del cuerpo. Que esto se produzca en creyentes inmaduros que se apartan del Señor o de la iglesia culpando a los demás, es hasta comprensible. La inmadurez es así. Lo dramático es ver cómo este error comienza a darse cada vez más en líderes, supuestamente cristianos maduros, como mencionaba al principio del capítulo. Algunos son auténticos impostores que no se acercan al resto del cuerpo porque de entrada tienen tanto que esconder, que no pueden permitir que nadie vea de cerca su falsedad: se les acabaría el negocio. Pero otros, tristemente, se creen su propia mentira y justifican su modo de vida espiritualizándolo, argumentando que necesitan la «soledad del monte de Dios». Líderes que practican un cristianismo de plataforma con un discurso fantástico, estudiado y convincente, pero que en la práctica personal huyen del resto del cuerpo y no tienen comunión, sino que se aíslan y no permiten que nadie les amoneste nunca. La comunión que practican es «a su medida», solamente con quienes la conversación les resulte cómoda y agradable, pero esa no es la comunión bíblica. Huyen de la confrontación y no admiten corrección alguna, porque en el momento en que alguien osa señalarles algún error o carencia se apartan, suben la guardia, se sienten heridos, juzgados, y sueltan amarras.

Este es un gravísimo error que puede suceder con gran escándalo o muy silenciosamente. Da lo mismo. A Natán se le puede mandar a fusilar en público y acabar con él con mucho ruido acusándole de cualquier cosa, o simplemente apartarse y evitar el contacto con él, con elegancia y aduciendo motivos diversos. «Lamentablemente, señor Natán, no sabemos bien por qué, el rey David está ocupadísimo en este momento y no puede recibirle más. Pide amablemente que usted le excuse. Además, su tarjeta de acceso al palacio está caducada y ya no puede usted volver más por aquí. Agradecemos al Señor por su vida. Dios le bendiga, hermano. A lo mejor en el futuro...».

La primera opción es terrible porque inevitablemente produce daños colaterales, división de iglesias, gente malherida, mal testimonio, escándalo, etc. La segunda opción es casi peor porque produce los mismos daños que la primera pero de forma mucho más sutil. Consciente o inconscientemente es una actitud artificial, cargada de falsedad e hipocresía pero algunos la escogen porque queda mucho mejor, suena mucho más espiritual, más «humilde», y es muy fácil de camuflar bajo un lenguaje «cristianés», hablando como «siervos» pero viviendo como «señores». No hay escándalo, solo aislamiento silencioso. Nadie puede entrar en su cueva particular y se cuidan bien de mantenerla a oscuras. No son transparentes, declaman constantemente, tienen poses estudiadas para sus apariciones públicas, pero no tienen cercanía auténtica con nadie porque tampoco resisten una relación espiritual cercana con nadie, ni una cobertura seria, real sobre sus vidas, ya que eso les delataría y les obligaría a cambiar ciertas cosas. Y no están dispuestos. Cuando están en compañía de alguien interpretan, cuando están solos viven y respiran y son ellos mismos. Y claro, caminan solos, necesitan el encierro y la distancia, porque no hay quien pueda vivir permanentemente sobreactuando en público. Resulta agotador. Algunos acumulan tensión y hasta enfermedades por este motivo.

Se llama aislamiento y es, como decía, una lacra. Terrible error que da la sensación de colocar a algunos «ministros» por encima del bien y del mal, sin tener por qué dar explicaciones de nada, como si fueran las estrellas de la función que manejan los tiempos, enseñando y ordenando a los demás, pero sin rendir ellos mismos cuentas a nadie... cuando la verdadera estrella es el cuerpo, la iglesia. No es correcto, no es bíblico, es simplemente una «forma» muy generalizada de «ministrar», que algunos han adoptado y otros han copiado, y como les resulta conveniente, les funciona bien o les produce ganancias, continúan practicándola y hasta haciendo creer a otros que son grandes ejemplos a seguir. Viven en «las alturas» y dejan los llanos para la «plebe». Pero no es más que una manera egocéntrica y pecaminosa de vulnerar el principio bíblico de la vida del cuerpo de Cristo en su interacción y unidad. Se sacrifica el principio de la transparencia, la verdad y la comunión espiritual de la iglesia, sustituyéndolo todo por una «forma» mucho más cómoda, adaptada a «mi estilo particular» y que además me permite seguir pareciendo espiritual. Mis necesidades emocionales y personales por encima de todo. Un traje a mi medida. Ministerio «a la carta». Y nada de esto es ni será gratis.

Capítulo 10

EL ANTÍDOTO

No puedo abandonar el tema del aislamiento sin afirmar antes que existe un antídoto formidable. Para nada quisiera lanzar observaciones sin aportar, por otro lado, lo que veo como solución al problema, especialmente cuando lo he vivido personalmente. Caminar en luz, en transparencia, teniendo comunión unos con otros y experimentando el perdón de Dios en toda su dimensión tal y como lo dice el versículo, es posible. Y los resultados son admirables tanto en nuestra propia vida espiritual, como en el resto del cuerpo. Lo que pasa es que requiere humildad. Durante mucho tiempo creí que era más una cuestión del carácter o la personalidad de cada uno, y no es cierto, solo hace falta humildad. Pero hablo de verdadera humildad, no de esa actitud farisaica de espiritualidad pretendida, siempre con cara de circunstancias y ajeno a las cosas normales de la vida, como si en cualquier momento estuviera uno a punto de comenzar a levitar... («qué hermano tan espiritual, me da hasta miedo acercarme a él») ...sinceramente, no hay nada más patético que la arrogancia espiritual revestida de humildad.

La verdadera humildad es aquella que no tiene problemas en abrir el corazón, en mostrarse tal y como es. El hombre humilde no se presenta ante los demás con un disfraz de elocuencia y espiritualidad, tapando y escondiendo sus errores, sino con sencillez y transparencia. Una persona humilde posee la frescura de un cristal diáfano, no tiene recámara oculta, no vive pendiente de la aprobación de los demás, no pretende demostrar nada ni proyectar una imagen, al contrario, es lo que es y se muestra tal y como es, y no le preocupa en exceso que los demás conozcan sus debilidades. De hecho, siempre hay algo artificial en ese tipo de personas que aparentan permanentemente una exquisitez absoluta, no se despeinan nunca y parecen infalibles. Todo en ellos está medido, calculado y estudiado. Es lógico que se aíslen porque en algún momento de autenticidad involuntaria no resultan tan estupendos, pero eso no lo sabrá nunca nadie, solo tendrá lugar en la intimidad del aislamiento, como canta Alejandro Sanz, «Cuando nadie me ve puedo ser o no ser...».[1]

Yo sé bien lo que es el cansancio y la necesidad de aislarse para descansar. Conozco bien el desgaste y el agotamiento de un concierto, una gira o una actividad multitudinaria, sé del tedio que supone a veces atender a muchas personas que quieren hablar y necesitan ser escuchadas, he vivido muy de cerca los procesos de deterioro emocional y físico en personas absolutamente entregadas a la obra de Dios, y tras más de veintitrés años de pastorado activo comprendo que el Shabat es un principio bíblico. El ser humano necesita retirarse periódicamente para descansar porque Dios nos diseñó con esa necesidad y si la descuidamos nos pasará factura tarde o temprano. Pero no estoy hablando de aislarse para descansar. Hablo del aislamiento como estilo de vida permanente, hablo de esa supuesta «forma» de vida cristiana según la cual vivo a una distancia prudencial de todos y de todo. Lo suficientemente cerca como para no quedarme del todo descolgado, pero lo suficientemente lejos como para que nadie pueda conocerme bien. Yo manejo los tiempos, las distancias y los límites. Me congrego cuando y donde me conviene, me retiro y desaparezco según lo «siento» (término ambiguo e impreciso pero muy espiritual), soy cristiano pero a mí manera, soy un miembro del cuerpo místico de Cristo en la tierra, y de paso yo también soy tan místico que nadie sabe nunca bien de qué pie cojeo. No me identifico plenamente con ningún cuerpo local concreto en la tierra porque todos tienen carencias y errores, y no me conviene identificarme del todo. Y si lo hago, me cuido bien de poner las fronteras que me convienen, de modo que nadie pueda tomarse la libertad de exhortarme o poner mi vida bajo la lupa de la Palabra. En el momento que sienta esa amenaza tengo abierta la puerta trasera de escape para reubicarme en alguna otra congregación, en la que comenzaré de nuevo con el mismo estilo y preparado para repetir la misma historia si hace falta. Soy un alma libre... (por no decir una bala perdida, o un miembro amputado en vida).

Esto sucede con mucha más frecuencia de lo que a veces pensamos. Y ocurre también mucho más fácilmente de lo que sospechamos. Nos podría pasar a cualquiera si no tenemos cuidado. Al fin y al cabo, hay tantas sectas controladoras en el mundo que de forma natural huimos de cualquier tipo de control. Es cierto, y hacemos bien en no tolerar sobre nuestras vidas ningún liderazgo antibíblico de manipulación o de vigilancia. Pero de ahí a aislarnos y cerrar las puertas a la comunión cristiana bíblica que fomenta una relación cercana y dispuesta a la exhortación personal, hay un gran abismo. Y hacer de ello además un «estilo de vida cristiano» y llegar hasta a justificarlo, espiritualizarlo y promoverlo es como echar gotas de veneno en una botella de agua. «Y considerémonos unos a otros para estimularnos al amor y a las buenas obras; no dejando de congregarnos, como algunos tienen por costumbre, sino exhortándonos; y tanto más, cuanto veis que aquel día se acerca» (Hebreos 10.24–25). En ningún momento leemos en la Biblia que debamos huir de la exhortación que se da en el cuerpo en caso de que no nos convenza o nos incomode, sino todo lo contrario, debemos buscarla y fomentarla porque nos edificará y ayudará.

Pues bien, el antídoto se encuentra dentro de la iglesia local, en el centro de la misma, y no es otro que la práctica sistemática de la confesión bíblica. «Confesaos vuestras ofensas unos a otros, y orad unos por otros, para que seáis sanados. La oración eficaz del justo puede mucho» (Santiago 5.16). No me refiero a eso que la Iglesia Católica ha convertido en un sacramento en el cual recibimos el perdón de los pecados por medio de la absolución de un sacerdote. Hablo de una práctica consecuente que en nuestro equipo ministerial de la Iglesia Salem llamamos «rendir cuentas». Todo un descubrimiento. Me explico con más detalle para que nadie me entienda mal.

En una ocasión, no hace mucho, tuve el privilegio de conocer a un hombre de Dios a quien admiro. Su nombre es Patrick Johnstone y tiene más de setenta años. Ha dedicado gran parte de su vida a estudiar la realidad social de los distintos países del mundo y ha plasmado todos sus descubrimientos al respecto en un libro llamado *Operación mundo*, que actualiza cada diez años para mantener los datos al día, y lo ofrece a las iglesias como herramienta para la evangelización del mundo. Realmente es un recurso muy interesante y de gran valor. Cuando vino a España, alguien nos puso en contacto y me brindó la oportunidad de sentarme con él para conversar. Fui a verle con uno de mis principales colaboradores en el ministerio de la Iglesia Salem y debo decir que me sorprendió su sencillez y humildad. Me pareció una ocasión irrepetible para hacer muchas preguntas a un siervo de Dios con tanta experiencia y conocimiento. Pero en un momento de la conversación quiso cambiar las tornas y me pidió que le hablara de mí. Tras escucharme un rato, de pronto me interrumpió con una pregunta directa: «¿A quién rindes cuentas tú?». Para mí esa pregunta fue lo más valioso de toda la conversación. Que aquel hombre pasara por alto todo lo que yo le contaba sobre lo que estamos haciendo en España, estrategias de crecimiento, nuestra forma de trabajo etc., y mostrara interés en saber a quién le rendía yo cuentas de mi vida personal, me pareció muy revelador. Me confirmó lo que yo mismo también creo: que la transparencia y el sometimiento a una rendición de cuentas periódica es determinante en un siervo de Dios. No podemos caminar solos, creyendo que solo le debemos cuentas a Dios. ¡El cuerpo está para algo! Somos miembros interdependientes los unos de los otros, y ninguno está por encima del cuerpo como para pretender que no tiene por qué rendir cuentas de lo que hace.

Precisamente todas las sectas, las desviaciones del evangelio y las enseñanzas tendenciosas han nacido en corazones de hombres que en ocasiones caminaron bien durante una etapa, pero en algún momento se creyeron iluminados que podían salirse de la cobertura que tenían y caminar solos. Se marcharon sin la bendición de sus autoridades espirituales, rompieron las ligaduras y llegaron a fundar auténticos movimientos sectarios, de los cuales ellos mismos se erigieron en apóstoles fundadores o profetas encendidos. Otros no llegan a tanto pero siembran gran confusión dentro del cuerpo, lo cual en el fondo ha dejado de importarles porque solo construyen su propio reino en el cual se sienten cómodos.

Como pastor de la Iglesia Salem en Madrid he aprendido a rendir cuentas de mi vida y quiero que todos los miembros del equipo ministerial lo lleguen a hacer de manera voluntaria, porque esto no es algo que pueda ser impuesto a la fuerza por nadie. Pero como pastor, presto mucha atención a este tema y no deseo tener en mi equipo a nadie que no esté dispuesto a pasar por un proceso de autoexamen constante. ¿Para qué quiero en mi equipo a personas de gran apariencia pero que no se dejan ver por dentro? Si los miembros del propio liderazgo no caminamos en luz y tenemos comunión los unos con los otros, ¿esperamos acaso que las ovejas sí lo hagan? Si nosotros mismos no somos transparentes y veraces, ¿esperamos que la iglesia lo sea?

Yo practico la rendición de cuentas periódica y sistemática. Evidentemente no publico en ningún tablón de anuncios mi vida personal, no comparto con cualquiera todos mis secretos, pero tengo un círculo espiritual al que me debo porque necesito sentir que soy supervisado por alguien que me ama y que me conoce, y a quien comparto habitualmente mis avances, mis debilidades, mis retos, mis metas, mis inquietudes, mis temores... en todas las áreas de mi vida, sin dejar fuera ni una sola. Ni UNA.

Ay de mí si me camuflo o me excuso en la actividad frenética para aislarme del cuerpo y dejar de rendir cuentas. He aprendido que necesito ser calibrado en un círculo de confianza y estar bajo autoridad espiritual, no puedo caminar solo, pensando que estoy por encima del resto porque Dios me dio cierta autoridad, creyendo que soy el gran regalo de Dios para este siglo y la iglesia tiene suerte de tenerme... ¿Pero quién me he creído que soy? Necesito subir mi vida a la palestra y poner mis cartas sobre la mesa para que personas espirituales las vean y me aconsejen, corrijan, exhorten, animen y oren por mí. Eso me mantiene sobre los raíles correctos, alerta y humillado, porque sé que haga lo que haga, tendré que dar cuentas de ello. Es un compromiso que he adquirido y que me protege. Nadie me lo ha impuesto, es una elección personal, solo así funciona. Pobre de mí si alguna vez me escabullo de mi cobertura porque me resulte incómoda. Será la señal evidente de que he perdido el Norte. Será la indicación clara de que lo importante ha dejado de ser importante para mí.

Y el secreto de la rendición de cuentas es que tiene que ser voluntaria. Nadie puede imponértela. Nadie puede obligarte a poner sobre la mesa tus intimidades. Solo servirá de algo si tú entiendes el grandísimo beneficio que te reporta hacerlo correctamente, la protección que te proporciona, la transparencia y libertad espiritual que te suministra. El arte de caminar en luz, sin tapujos, sirviendo al cuerpo y beneficiándote de pertenecer a él, teniendo comunión bíblica verdadera... permitiendo a otros que oren por ti, por tus debilidades, sin fingir ser lo que no eres, sin temor a ser juzgado...

Algunos líderes creen erradamente que si hicieran esto perderían autoridad, pero es todo lo contrario. Cuanto más se apartan y se autoelevan sobre los demás, menos credibilidad tienen. La influencia del talento solo dura un tiempo porque las tendencias y los intereses de la gente cambian con el paso de los años.

> Porque nadie puede poner otro fundamento que el que está puesto, el cual es Jesucristo. Y si sobre este

> fundamento alguno edificare oro, plata, piedras preciosas, madera, heno, hojarasca, la obra de cada uno se hará manifiesta; porque el día la declarará, pues por el fuego será revelada; y la obra de cada uno cuál sea, el fuego la probará (1 Corintios 3.11–13).

Personalmente no creo ya en ningún «ministro» que no rinde cuentas. Cada vez que alguien se escabulle o pone excusas para este tipo de comunión cristiana dentro del cuerpo, esconde algo. Puede ser pecado, debilidades, complejos o simples inseguridades, pero sea lo que sea, el fondo es siempre el mismo: orgullo personal. Es un caldo de cultivo idóneo para el pecado y la confusión. Se adopta una «forma» de cristianismo que va muy acorde con la filosofía individualista de este tiempo, según la cual cada uno es muy dueño de sí mismo y no tiene por qué dar explicaciones de nada a nadie. Es una manera cómoda de nadar en aguas seguras para uno mismo... pero son aguas oscuras. Y la oscuridad no tiene comunión alguna con la luz. La oscuridad siempre es ausencia de luz.

Capítulo 11

PROSPERIDAD

Retomando brevemente el tema del poder del evangelio y de la importancia y centralismo que debe tener en nuestro mensaje, no puedo dejar de tocar este asunto. Me aturde mucho constatar cómo en el mundo occidental y cada vez más en muchos otros países, se ha ido abriendo hueco un mensaje claramente orientado hacia lo material, lo perecedero, «lo que hoy es y mañana no es...».

Tomando versículos sacados de contexto, como por ejemplo 3 Juan 1.2, una simple y educada salutación de carta en la que Juan dice: «Amado, yo deseo que tú seas prosperado en todas las cosas, y que tengas salud, así como prospera tu alma», se predica y proclama la importancia de un modelo de vida cristiana próspera en lo material, totalmente fuera de enfoque.

Entre otras cosas, y por poner un simple ejemplo de tantos que podríamos poner, Jesús dijo: «No os hagáis tesoros en la tierra, donde la polilla y el orín corrompen, y donde ladrones minan y hurtan; sino haceos tesoros en el cielo, donde ni la polilla ni el orín corrompen, y donde ladrones no minan ni hurtan. Porque donde esté vuestro tesoro, allí estará también vuestro corazón» (Mateo 6.19–21). Siendo estas palabras tan claras y viniendo de la boca del mismo Jesús ¿cómo es posible que eso que llaman «evangelio de la prosperidad» haya generado tanto debate entre los cristianos? ¿Cómo es que perdemos un solo minuto con el tema?

Si nuestra guía es la Palabra de Dios, ¿cómo pueden algunos siquiera insinuar que nuestro caudal económico en la tierra es sintomático de nuestra espiritualidad, y armar toda una teología disparatada de la riqueza material, cuando Jesús dijo exactamente lo contrario?: «La vida del hombre no consiste en la abundancia de los bienes que posee» (Lucas 12.15). ¿Cómo es posible que los cristianos permitamos que una idea peregrina que se le ocurrió de pronto a alguien y que contradice ni más ni menos que a Jesús, penetre y se adueñe permanentemente de los púlpitos, sustituyendo en muchos momentos al mensaje fundamental de la salvación, y generando además confusión y división entre los creyentes?

Yo no digo que no puedan existir cristianos ricos o que haya que ser necesariamente pobre para agradar a Dios, ambas cosas me parecen un error y ni siquiera estoy interesado ni necesito profundizar mucho en el tema. La Biblia habla por sí sola. Lo que yo pediría es más fundamento bíblico y menos fábulas. Las vivencias de un telepredicador en un país desarrollado y de trasfondo cultural cristiano no tienen nada que ver con las de un misionero en un país musulmán, por ejemplo. Las particularidades en la vida de un líder con talento de empresario, con mentalidad comercial, con una mega-iglesia y con conexiones políticas en un país, no se parecerán mucho a los pormenores diarios de un pastor que trabaja entre indigentes o jugándose la vida a diario camuflado entre mafias de prostitución, en otro país o en el mismo. Son mundos diferentes. Que nadie nos venda experiencias circunstanciales como doctrina bíblica. Menos anécdotas personales y más predicación de la Verdad inmutable, esa que nos hace libres. En pocas palabras, más evangelio y menos manipulación.

Y en ese sentido, este tema de la prosperidad ha alcanzado unas cotas de manipulación espantosas. Si el apóstol Pablo levantara la cabeza nos diría un par de cosas no muy bonitas. Porque este asunto es precisamente uno de los que traen más vergüenza al cuerpo de Cristo. En lugar de inventar interpretaciones rebuscadas y retorcidas de ciertos pasajes bíblicos para apoyar un estilo de vida opulento, ¿por qué no dejamos que la Biblia hable por sí misma? Precisamente Pablo, el gran apóstol al que algunos citan como paradigma de la prosperidad, es un hombre que vivió más veces con el agua al cuello que caminando sobre las aguas. Basta con leer el capítulo 11 de 2 Corintios. Como botón de muestra, un par de pasajes: «No lo digo porque tenga escasez, pues he aprendido a contentarme, cualquiera que sea mi situación. Sé vivir humildemente, y sé tener abundancia; en todo y por todo estoy enseñado, así para estar saciado como para tener hambre, así para tener abundancia como para padecer necesidad. Todo lo puedo en Cristo que me fortalece» (Filipenses 4.11–13).

Para empezar y en primer lugar, Pablo está escribiendo desde la cárcel, y no precisamente por haber sido sorprendido en algún delito de fuga de capital económico, sino simple y llanamente por predicar el evangelio de Jesucristo. En segundo lugar, Pablo escribe dando gracias a los filipenses por haberse acordado de él enviándole una ofrenda de amor cuando estaba pasando un momento de gran estrechez financiera, cosa bastante habitual durante la vida y ministerio de Pablo. Y en tercer lugar, Pablo declara que él sabe vivir en abundancia y en escasez, con mucho y con poco, en otras palabras, que la cuestión económica no es prioritaria para él, ni mucho menos viene a ser consecuencia de su obediencia o desobediencia a Dios. Al contrario, Pablo afirma que precisamente puede soportarlo todo en Cristo, y se refiere en concreto a la falta de recursos económicos.

De hecho, es evidente que Pablo, teniendo de antemano una posición social elevada, una carrera importante, una reputación, y siendo un hombre de grandes recursos, renunció a todo por causa del evangelio. «Pero cuantas cosas eran para mí ganancia, las he estimado como pérdida por amor de Cristo. Y ciertamente, aun estimo todas las cosas como pérdida por la excelencia del conocimiento de Cristo Jesús, mi Señor, por amor del cual lo he perdido todo, y lo tengo por basura, para ganar a Cristo» (Filipenses 3.7–8). Queda muy claro que el evangelio de Jesucristo no le reporta ganancias económicas sino todo lo contrario. No solo lo ha perdido todo, en términos de ganancia terrenal, sino que además lo tiene por basura, no lo echa en falta. La renuncia a una vida mucho más acomodada es parte del precio que Pablo paga a cambio del maravilloso privilegio que le supone poder predicar el evangelio.

Otros pasajes: «Si, pues, habéis resucitado con Cristo, buscad las cosas de arriba, donde está Cristo sentado a la diestra de Dios. Poned la mira en las cosas de arriba, no en las de la tierra. Porque habéis muerto, y vuestra vida está escondida con Cristo en Dios» (Colosenses 3.1–3). Este pasaje hace una diferencia de clase entre «las cosas de arriba» y las «cosas de la tierra» en una clara referencia a las cosas espirituales y las carnales, materiales o físicas, indicando que el interés de un cristiano debe estar dirigido hacia las primeras y no hacia las segundas. Para concretar y clarificar a qué se refiere, unos versículos más adelante comienza a enumerar aquellas cosas espirituales que los hijos de Dios debemos perseguir (benignidad, misericordia, humildad...). Dice que debemos «vestirnos» de estas cosas. Y del mismo modo enumera las otras cosas, las de la tierra, afirmando que debemos erradicarlas de nuestra vida. La expresión que utiliza no tiene desperdicio: «Haced morir, pues, lo terrenal en vosotros: fornicación, impureza, pasiones desordenadas, malos deseos y avaricia, que es idolatría; cosas por las cuales la ira de Dios viene sobre los hijos de desobediencia» (Colosense 3.5–6). Según el diccionario de la Real Academia Española, la palabra *avaricia* significa: afán desordenado de poseer y adquirir riquezas para atesorarlas. Y creo que el apóstol deja bastante clara su naturaleza al incluirla en la misma lista que la fornicación por ejemplo, y al igualarla directamente con la idolatría en categoría y esencia.

«A los ricos de este siglo manda que no sean altivos, ni pongan la esperanza en las riquezas, las cuales son inciertas, sino en el Dios vivo, que nos da todas las cosas en abundancia para que las disfrutemos» (1 Timoteo 6.17). Aquí tenemos una simple recomendación de Pablo a Timoteo, en la que le anima a enseñar claramente acerca del carácter transitorio y poco fiable de las riquezas terrenales, por lo que nadie debería confundir la sensación de seguridad que transmite la abundancia económica, con la auténtica esperanza espiritual de vida eterna proporcionada por Cristo. En otras palabras, Pablo dice que incluso para la provisión diaria un cristiano debería confiar más en Dios que en sus posesiones materiales. Precisamente en este mismo capítulo advierte del serio peligro que corre un creyente con este asunto, ya que el deseo de abundancia material puede llegar incluso a apartarnos de la fe: «Porque raíz de todos los males es el amor al dinero, el cual codiciando algunos, se extraviaron de la fe, y fueron traspasados de muchos dolores» (1 Timoteo 6.10).

Estos pasajes bíblicos, entre otros, me hacen creer que la cuestión del «evangelio de la prosperidad» verdaderamente merece ser meditada muy a fondo. Yo sé que hay mil variantes y veinte mil explicaciones con las que algunos tratan de convencernos de que debemos tener una mentalidad de «hijos del Rey», que no podemos tampoco tener una teología de la pobreza como bandera etc... Los hay que me han dicho que realmente no se trata de nada extremo sino que Dios desea una «prosperidad integral» para sus hijos, una prosperidad divina que incluye espíritu, alma y cuerpo, etc...

Entiendo las explicaciones y yo mismo intento comprender a unos y a otros, pero lo cierto es que me he topado mil veces con este tema en diferentes contextos y siempre llego a la misma conclusión: no confundamos aspectos particulares que dependen de muchísimos factores circunstanciales, con la verdad inmutable del evangelio de Jesucristo. Porque este tema de la prosperidad, tal y como se predica hoy, por más que lo busco, no lo veo en el evangelio y me parece un terrible despropósito que lleva a gran confusión y desvía la atención de lo esencial. Más que eso, me parece veneno mortal.

Capítulo 12

LA SIEMBRA Y LA SIEGA

Algo que viene muy de la mano de la prosperidad y que siempre me hace temblar es esa corriente de enseñanza cada vez más extendida que predica el principio de «la siembra y la siega» con un enfoque esencialmente material. Se anima a la gente a «sembrar» para esto o aquello, para un ministerio concreto, o para una iniciativa cristiana, o una causa en particular, prometiéndoles a cambio y por adelantado bendición económica de parte de Dios. Se manipula sin escrúpulos a personas (muchas de ellas con necesidades y en situación económica precaria) a que se desprendan de lo poco que tienen y lo aporten para nutrir un proyecto concreto, bajo la promesa de que Dios como mínimo duplicará lo que donen. Y las personas dan, movidas no por amor al Señor o a su obra, sino en ocasiones por su propia necesidad y otras veces por pura ambición, pero lo hacen como el que apuesta en un casino porque alguien le ha dicho que apostando a cierto número se le va a multiplicar su capital por diez. Claro, la cosa sale igual que en el casino: a veces bien y a veces mal. Porque es exactamente lo mismo (solo que peor). Conozco a alguno que ha dado y le ha ido bien, y conozco a otros que han dado y se han arruinado. Exactamente igual que en una carrera de caballos. Porque dieron todo lo que tenían creyendo que era un caballo ganador y luego llegó segundo, o tercero, o ni siquiera se presentó a la carrera.

Esto, una vez más, funciona de manera muy diferente en ciertos países que en otros, y dependiendo de la condición de cada uno. Hay países en los que resulta económicamente ventajoso donar dinero a ciertas entidades porque puedes beneficiarte en tu declaración de la renta y ahorrar dinero. Pero hay otros en los que no existe nada parecido. Hay lugares en los que con poco esfuerzo las personas pueden dar grandes cantidades sin que les afecte, e incluso se beneficiarán fiscalmente de ello, y hay otros lugares en los que con muchísimo esfuerzo las personas dan cantidades pequeñísimas que afectarán seriamente a su economía diaria en cosas tan fundamentales como la comida de su familia. No se pueden pasar por alto estos detalles y manipular a las personas contándoles la experiencia de crecimiento económico que tuvo un hermano en una circunstancia concreta, y poniéndolo como ejemplo a seguir... Yo he oído personalmente a predicadores invitando a dar el diezmo por anticipado «en fe» (esto no lo he visto jamás en la Biblia, solo en iglesias actuales). Es decir: «Si quieres tener un millón de euros, da ahora el diezmo en fe. Dios es fiel y si das ahora los cien mil, Él te dará el millón mañana, o el mes que viene. Créelo». Y hay personas que lo creen y dan todo lo que tienen, o incluso se meten en préstamos para dar el diezmo por anticipado, para que se les multiplique por diez. Conozco a más de uno que se ha arruinado así incurriendo en una deuda impagable. Ni siquiera tengo que mencionar la amargura, la sensación de engaño y el desencanto más absoluto con Dios que arrastran estas personas. Recuperar la fe de alguien así no es tarea fácil.

Y esto, mis queridos hermanos y amigos, se llama manipulación y estafa. Sin embargo, se presenta como evangelio. Eso es lamentable y quizá convenza momentáneamente en algunos lugares o a ciertos grupos pero, sinceramente, esto no es evangelio por más que se utilicen versículos bíblicos. Solo es una forma de engañar y sacarle dinero a la gente utilizando su buena fe, y no durará mucho tiempo. Dentro de no muchos años nos echaremos las manos a la cabeza preguntándonos cómo fue posible que la iglesia de Jesucristo tolerara estas cosas y se manchara las manos así. Generaciones venideras hablarán de este tema con vergüenza y habrá nombres propios que se recordarán como auténticos líderes de estos movimientos, pero no como predicadores del evangelio de Jesucristo.

Tengo que decir que hay una parte del mensaje de «prosperidad» que tiene su lugar y es correcto. El poder de convicción de una herejía está siempre en la mezcla de verdad con mentira. La parte de verdad que tiene es lo que la hace parecer inofensiva a los simples. Hay ciertamente una parte con la que yo también estoy de acuerdo porque considero que es bíblica. Es la parte que se centra en que hay que ofrendar y diezmar. Es evidente que estos principios son bíblicos y que los cristianos debemos ser íntegros y responsables a la hora de sostener económicamente la obra de Dios.

Yo creo en las ofrendas y en los diezmos. He sido enseñado en ello y durante toda mi vida he ofrendado a Dios y he practicado el principio de darle al Señor el diezmo de todas mis entradas. No soy consciente de haberle fallado nunca al Señor en esto. Para mí es un principio escritural insustituible. Voy incluso más allá por convicción personal y por compromiso con Dios, es decir, siempre sobrepaso la cantidad matemáticamente exacta que debería dar y mi diezmo es «antes de», no «después de» impuestos. Esta es mi práctica personal porque además del profundo agradecimiento que siento en mi corazón, estoy convencido de que le debo a Dios muchísimo más de lo que nunca le podré pagar y no quiero racanearle absolutamente nada en este terreno. Lo he hecho así toda mi vida y lo seguiré haciendo siempre, y doy testimonio de que Dios es fiel y jamás me ha faltado nada. Además, creo que el dinero que llega a nuestras manos es solo una forma más que Dios tiene de poner a prueba nuestras prioridades. Soy muy consciente de esto. Ahora bien, nunca he dado un seminario al respecto ni me complico mucho la vida con este tema, para mí es un asunto de compromiso personal con Dios y lo tengo muy interiorizado. La Biblia dice que nuestra mano derecha no debe saber lo que da nuestra izquierda, y si escribo esto es solo para dejar claro que creo firmemente en este principio y lo practico. Nadie vaya a entenderme mal. Creo firmemente que el principio de ofrendas y diezmos tiene su lugar en el Nuevo Testamento y no muere con el Antiguo Testamento. En mi opinión pertenece a la vida normal de un cristiano y es parte de lo que Pablo llama «los rudimentos» o la «leche espiritual». No me parece ni siquiera un tema de gran profundidad teológica ni mucho menos una revelación de última generación. Me parece un principio muy simple, muy sencillo y muy lógico.

Ahora bien, no nos engañemos. Leamos la Biblia. No vayamos a olvidar que Pablo afirma que lo puede todo en Cristo, refiriéndose en específico a la escasez económica. Sus palabras son literalmente: «Sé vivir humildemente, y sé tener abundancia; en todo y por todo estoy enseñado, así para estar saciado como para tener hambre, así para tener abundancia como para padecer necesidad» (Filipenses 4.12). Aquí empiezan los problemas porque lamentablemente una gran parte del cristianismo moderno no puede decir lo mismo. Muchos cristianos hoy saben tener abundancia y estar saciados, pero no están enseñados para tener hambre o padecer necesidad. Al contrario, han sido enseñados que la necesidad y el hambre no son para los cristianos. Que un verdadero creyente no padece necesidad nunca porque Dios le da todo lo que desea. Según esto, cuando un creyente mantiene un nivel económico espectacular, eso se llama «bendición». Pero si está en necesidad, entonces es porque o bien pecó, o falló en los diezmos o no sembró adecuadamente. Tomó decisiones erróneas y ahora vive las consecuencias. Se cita mucho el versículo de Filipenses 4.13 totalmente fuera de contexto, como si lo que Pablo declarase es que un auténtico cristiano nunca sufre necesidad, siendo que el apóstol está diciendo todo lo contrario: que aunque tenga necesidad, lo puede todo en Cristo, quien le fortalece. Esa es la parte absolutamente disparatada hoy. Ciertamente existen debacles económicas que son consecuencia de decisiones mal tomadas. Pero hay otras que son producto de una catástrofe, o simplemente de una circunstancia familiar, o nacional, o de cualquier otra índole, y no tienen nada que ver con la fidelidad de un hijo de Dios. De hecho, Dios nos prueba muchas veces en este aspecto.

Yo sí creo que Dios suple las necesidades de sus hijos. Si un padre terrenal lo hace, cuánto más el Padre Celestial. Pero también creo que no necesitamos todo lo que pedimos, y que Dios no está ni mucho menos obligado a darnos todos los caprichos, sin embargo suplirá todo lo que verdaderamente nos falta, conforme a sus riquezas (Filipenses 4.19).

Es muy importante notar que la Biblia nunca nos anima a poner nuestro interés en la búsqueda de las riquezas terrenales sino todo lo contrario, debemos perseguir lo espiritual y no dejarnos enredar por lo material (Colosenses 3.2). En la parábola del sembrador, la semilla que cayó entre espinos es precisamente un cuadro de aquellos corazones en los que la Palabra de Dios es ahogada por «los afanes de este siglo, y el engaño de las riquezas, y las codicias de otras cosas», que «entran y ahogan la palabra, y se hace infructuosa» (Marcos 4.19). Sin embargo, hoy en día, cuando uno escucha a ciertos predicadores, da la sensación de todo lo contrario. Se transmite un mensaje que viene a decir prácticamente que un hijo de Dios debe abrir los ojos a las riquezas materiales y aspirar a un estatus económico alto, como si esa fuera realmente una meta a la que Dios nos anima. Y no vemos eso en los grandes siervos de Dios en la Biblia. Moisés, por ejemplo, teniendo precisamente todas las opciones de acceder a una posición económica privilegiada, prefirió renunciar a ella «teniendo por mayores riquezas el vituperio de Cristo que los tesoros de los egipcios; porque tenía puesta la mirada en el galardón» (Hebreos 11.26).

Por otro lado, es una insensatez pasar por alto que la situación económica de una persona tiene muchísimos condicionantes y depende de varias cosas. En un país desarrollado, con un sistema económico poderoso y donde hay acceso público a ciertos servicios sociales y posibilidades de ahorrar, etc., una persona tiene la oportunidad de crecer administrativamente e incluso hacer fortuna.

Pero aun así, necesita un mínimo de formación, unas circunstancias muy concretas, mucho trabajo y estar en el lugar exacto en el momento adecuado, porque aunque «tiempo y ocasión acontecen a todos» (Eclesiastés 9.11) no significa que siempre todos tienen exactamente las mismas ocasiones en lo económico. Después depende mucho de la familia en la que uno nazca o crezca. Hay personas que ya nacen dentro de cierto estrato social y tendrán patrimonio desde que pongan un pie en el mundo. A partir de ahí, dependiendo de muchísimos factores, aumentarán, conservarán, disminuirán o perderán su riqueza. Si la persona vive en otro lugar del planeta, con unas condiciones totalmente diferentes, su situación económica será muy diferente. No es lo mismo ser un ciudadano de Toronto, que ser un ciudadano de Calcuta. Si uno emigra a otro país, toda su situación y el abanico de posibilidades vuelve a ser distinto. Si uno pertenece a un país cuyo gobierno es una dictadura de nuevo cambia todo. Nunca un extranjero tiene las mismas posibilidades que un nativo.

Y todo esto puede suceder siendo cristiano o sin serlo. Por lo tanto, mantener como dogma que cuanto más dinero tiene uno, más cristiano es, basándonos en el principio de la siembra y la siega, simplemente es un disparate. Pretender que si eres millonario es porque sembraste y fuiste fiel en los diezmos, mientras que si no lo eres será seguramente porque fallaste, como si eso fuera un absoluto, es sencillamente un despropósito. Ni siquiera es cierto que el que tiene más hizo mejor las cosas que el que tiene menos. Eso puede ser cierto o no, depende del caso. Pero no se puede hacer teología sistemática con este tema porque el evangelio es el mismo para todos independientemente del caso particular de cada uno, y funciona igualmente en Toronto que en Calcuta. Mientras que la teología de la prosperidad no. El mensaje de prosperidad simplemente no es evangelio y cuando se predica indiscriminadamente como si fuera la Buena Nueva para todo el mundo, se confunde a la gente.

Esa predicación de un pseudoevangelio que ha hecho de la «siembra económica» el centro de su proclama, de modo que ya no hay ni un solo mensaje que no termine en recogida masiva de ofrenda bajo presiones y amenazas, es algo que debe cambiar. No vale la pena ni siquiera hablar de los casos de corrupción y enriquecimiento relacionados con este tipo de mensajes. La historia pondrá a cada uno en su lugar.

Capítulo 13

VIVE TU SUEÑO

Otra historia parecida. Muchos pasan por alto la terrible desviación que supone alentar en los creyentes el deseo por las riquezas, y todavía disfrazarlo como si realmente fuera una marca de espiritualidad, o una ley espiritual, cuando no es más que avaricia. Eso mismo que el diccionario de la Real Academia Española define como «afán desordenado de poseer y adquirir riquezas para atesorarlas». Es horrible ver cómo hoy en día en algunos lugares se predica enfatizando tantísimo la importancia de los bienes terrenales que poseemos, mientras que el Nuevo Testamento transmite el mensaje opuesto. Oímos mucho de que Dios nos quiere prosperar, pero no oímos casi nada de que Dios quiere que nos humillemos ante Él y que renunciemos a lo nuestro.

Observemos por un momento las palabras de Jesús en Mateo 16.24: «Si alguno quiere venir en pos de mí, niéguese a sí mismo, y tome su cruz, y sígame». Es una frase muy radical. Casi demasiado. Lo es más aún en otro momento en que llega a decir: «el que no toma su cruz y sigue en pos de mí, no es digno de mí» (Mateo 10.38). ¡Buff! Eso de la cruz, eso de «negarse uno mismo», eso de la «renuncia»... no es un mensaje popular hoy, así que en muchos casos preferimos desviar un poco el rumbo sin que se note demasiado y dirigirnos hacia algo menos radical y más al gusto del consumidor.

¿Cómo hacemos esto? ¿Cómo podemos suavizar el mensaje sin dejar de ser bíblicos? Pues tenemos por ejemplo este bello versículo en el libro de los Salmos que dice: «Deléitate asimismo en Jehová y él te concederá las peticiones de tu corazón» (Salmos 37.4). Este tipo de mensaje nos resulta más fácil de asimilar, se vende mejor porque es más acorde con nuestra mentalidad negociadora: yo me deleito en Él, y a cambio Él me da lo que yo pido. Esto es mucho más atractivo. Y nos entusiasmamos olvidando que el énfasis del versículo está en que Dios debe ocupar el primer lugar en nuestras prioridades. Pero nosotros ponemos el peso en «las peticiones de nuestro corazón» que Dios concederá. La prueba está en que hasta hacemos una canción con este versículo (nunca con el anterior, el de Mateo 10.38) porque este versículo es ideal para hacer una canción, será un éxito seguro porque todo el mundo tiene peticiones en el corazón y desea que Dios se las conceda. Así que esto, enfocado de una manera atractiva, vende mucho mejor. La versión neotestamentaria serían las palabras de Jesús en Mateo 6.33: «Buscad primeramente el reino de Dios y su justicia y todas estas cosas os serán añadidas». De este versículo también hay una canción. Fácilmente olvidamos que lo que Jesús enfatiza es la búsqueda del reino por encima de todo y que «lo nuestro» debería pasar a un segundo plano, sin afanarnos por ello. Los versículos inmediatamente anteriores nos dan el contexto exacto en que Jesús dice estas palabras: «No os afanéis, pues, diciendo: ¿Qué comeremos, o qué beberemos, o qué vestiremos? Porque los gentiles buscan todas estas cosas; pero vuestro Padre celestial sabe que tenéis necesidad de todas estas cosas» (Mateo 6.31–32). Pero con gran rapidez ponemos el énfasis en que Dios quiere hacer realidad nuestros sueños, no en que lo más importante del mundo es buscar su reino.

Estas leves desviaciones (ya sea que estemos rebajando principios o abrazando formas como si fueran principios) son peligrosísimas y nos llevan inevitablemente a nuevos territorios. Cuando centramos nuestra proclamación en la cuestión de conseguir más y más en lo material, y espiritualizamos ese mensaje con versículos, el siguiente paso lógico es que comenzamos a creer y a pregonar que una persona puede conseguir cualquier cosa que se proponga. Ya no es ni siquiera importante si lo que deseamos en nuestro corazón es conforme al corazón de Dios o no, lo importante es si lo deseamos y si lo creemos. No importa tanto si es correcto o no, solo importa si tú lo deseas. Si lo deseas es tuyo, y además Dios está de tu lado. Atractivo mensaje: Dios quiere darme lo que yo me proponga.

Sin darnos cuenta pasamos de una posición en la que servíamos a Dios, a otra nueva en la que Dios nos sirve a nosotros. Antes Dios dictaba y nosotros obedecíamos, ahora nosotros manipulamos a Dios y le utilizamos para conseguir lo que en el fondo ansiamos. Tenemos deseos, tenemos anhelos, y nuestra relación con Dios se convierte en un medio para conseguir esos anhelos que arrastramos. La figura de Dios se reduce ahora en mi vida a una mera obligación necesaria para conseguir aquello que quiero. Ya no es una relación personal de amor que nace del agradecimiento por haber sido «librados de la potestad de las tinieblas y trasladados al reino de su amado hijo» (Colosenses 1.13). Ahora es que yo tengo sueños personales, lugares que aspiro visitar, casas que pretendo construir y ambiciones que deseo satisfacer. ¿Renunciar? No parece que a estas alturas renunciar sea un mensaje muy atractivo ni una noticia muy buena. Además ahora tengo base bíblica y renunciar me parece hasta antibíblico. Así que el nuevo producto evangélico se llama: «Vive tu sueño».

Si alguien cree que exagero, eche mano de Youtube y escuche la mayoría de los mensajes de los «predicadores» evangélicos con más visitas. Hay más predicaciones de estilo «autoayuda», de «tú sí puedes», de «tú sí que vales», que exhortaciones a humillarse ante Dios y renunciar a lo propio. Hay más predicaciones destinadas a subir la autoestima que a doblegar el orgullo. Y la Biblia nos muestra otra cosa:

> Haya, pues, en vosotros este sentir que hubo también en Cristo Jesús, el cual, siendo en forma de Dios, no estimó el ser igual a Dios como cosa a que aferrarse, sino que se despojó a sí mismo, tomando forma de siervo, hecho

> semejante a los hombres; y estando en la condición de hombre, se humilló a sí mismo, haciéndose obediente hasta la muerte, y muerte de cruz. Por lo cual Dios también le exaltó hasta lo sumo, y le dio un nombre que es sobre todo nombre, para que en el nombre de Jesús se doble toda rodilla de los que están en los cielos, y en la tierra, y debajo de la tierra; y toda lengua confiese que Jesucristo es el Señor, para gloria de Dios Padre» (Filipenses 2.5–11).

Este mensaje lleva como título «Humillación y exaltación de Cristo». Pero extrañamente parece que solo nos fijamos en la segunda parte y la aplaudimos con fervor, la de la exaltación de Cristo; nos encanta aplaudir que no hay otro Nombre, que Dios le exaltó hasta lo sumo... Pero pasamos muchísimo por alto que antes de eso lo que sucedió es que se humilló hasta lo sumo renunciando a todo lo que tenía, y que su exaltación vino por su humillación y por su grandísima renuncia. Y todavía nos hacemos más los locos ante la exhortación de Pablo que nos indica que debe haber en nosotros el mismo sentir que hubo en Jesús, que se concentró en renunciar a lo que tenía y se humilló hasta lo más bajo de la condición humana para salvarnos. No para ser exaltado. Esa es la grandeza de Cristo, no la exaltación a la que el Padre le elevó, cosa que al fin y al cabo ya le pertenecía de antemano por derecho propio, ¡sino su impresionante humillación! Y se nos indica que nosotros debemos hacer lo mismo. Humillarnos y renunciar, para ser exaltados. Armarnos del mismo pensamiento que Cristo (1 Pedro 4.1–2), de la misma actitud (Santiago 4.10), considerar a los demás como superiores a nosotros mismos (Filipenses 2.3), cosas todas ellas que tienen mucho más que ver con deponer nuestras ambiciones personales y vivir la voluntad de Dios para nosotros, sea cual sea.

Sin embargo, hoy en día entre los cristianos es muy popular esa idea de que si algo no es de tu agrado no puede ser de Dios para ti, porque Dios quiere satisfacer tus necesidades, Dios te dio sueños, Él los puso en ti y debes vivirlos. Y eso en la mayoría de los casos es más que dudoso. Claro, se predica de este tema poniendo el ejemplo de José, el soñador, a quien Dios le cumplió los sueños. Pero olvidamos que los sueños de José sí habían sido dados por Dios mismo para cumplir Su plan perfecto, y además implicaron muchísimo sufrimiento y muchísima renuncia en la vida de este hombre de Dios. Pero se omite gran parte del sentido de la historia y se enfatiza solamente el cumplimiento de los sueños. Nada de renuncia. ¡Vive tu sueño y que nadie te lo robe!

Y así se alientan actitudes egocéntricas, arrogantes y antibíblicas entre los cristianos, fomentando un estilo de vida en el que yo vivo «asociado» a Dios, para que me cumpla mi sueño. Y con esta filosofía puedo justificar todo tipo de decisiones disparatadas, compras por encima de mis posibilidades, deudas, engaño, robo, adulterio... en definitiva todo tipo de pecado que se me antoje porque lo importante parece ser el deseo de mi corazón, no si Dios aprueba lo que hago. He visto a cristianos entregarse a relaciones sexuales ilícitas y tratar de justificarlo argumentando que esta nueva pareja es el sueño que Dios les había dado. O esta casa, o este estilo de vida... Y en el fondo se escucha el mensaje de grandes predicadores repitiendo: «Vive tu sueño. Tú puedes. Sigue adelante. Dios está contigo». Y cualquiera les corrige...

Pero este es un problema del cristianismo actual. Si no reaccionamos ante él con energía estaremos dándolo por válido. Y lo que hacemos con ello es rebajar principios bíblicos y poner en el centro nuestro bienestar temporal, sacando una vez más al evangelio del centro de nuestra proclamación. Sería mucho más honesto decir: «No quiero vivir más para Dios, no quiero vivir como Jesús, quiero vivir para mí mismo y para satisfacer mis ambiciones personales. No me interesa ser cristiano». Pero el error está en pensar que seguimos siendo cristianos con este estilo de vida.

Porque cristianismo auténtico es seguir a Cristo y sus enseñanzas. Seguir lo que la Palabra de Dios nos dice. Y cuando la leemos de verdad, descubrimos que Dios no busca personas que tengan ambiciones personales para correr detrás de ellas y satisfacerlas, como si Él fuera el gran Papá Noel de los cielos, cumpliendo deseos de todo el mundo y regalando a todos el último capricho. Todo lo contrario. Él busca personas que estén dispuestas a deponer sus sueños y renunciar a ellos, para abrazar los sueños de Dios y vivir para Él, cueste lo que cueste. Gente que se ponga en la brecha como en Ezequiel 22.30, como los santos del Antiguo y del Nuevo Testamento, como los héroes de la fe, aquellos que hicieron proezas y aquellos «otros» que murieron como mártires sin haber alcanzado aquello por lo cual vivieron, pero aún creyendo.

> Otros experimentaron vituperios y azotes, y a más de esto prisiones y cárceles. Fueron apedreados, aserrados, puestos a prueba, muertos a filo de espada; anduvieron de acá para allá cubiertos de pieles de ovejas y de cabras, pobres, angustiados, maltratados; de los cuales el mundo no era digno; errando por los desiertos, por los montes, por las cuevas y por las cavernas de la tierra. Y todos éstos, aunque alcanzaron buen testimonio mediante la fe, no recibieron lo prometido; proveyendo Dios alguna cosa mejor para nosotros, para que no fuesen ellos perfeccionados aparte de nosotros (Hebreos 11.36–40).

¿Qué diremos de ellos? ¿Por qué nunca hablamos de ellos? ¿Qué sueño personal tenían estos? ¿Qué glorioso plan se le cumplió a Isaías mientras le aserraban por la mitad dentro del tronco de un árbol?

Entiendo bien que este mensaje no es popular, no vende bien, no provoca ofrendas abultadas. Pero es el centro del mensaje de Jesús y sigue resonando en el siglo XXI: «Si alguno quiere venir en pos de mí, niéguese a sí mismo, tome su cruz, y sígame» (Lucas 9.23). Si lo queremos cambiar, seamos honestos y al menos no digamos que estamos predicando el evangelio. No es cierto.

Personalmente, me quedo con las palabras de mi padre, un viejo lobo de mar que tras una vida totalmente entregada al servicio del Maestro, a sus ochenta y un años y después de sobrevivir un cáncer, escribe un poema de cuatro versos. En él resume lo que ha sido toda su vivencia. Creo que no se puede decir más ni mejor en cuatro líneas, y me dio permiso para compartirlo con ustedes. El poema se llama «Semblanzas de mi vida»:

Mi sueño era un piano,
Mi llamado el evangelio
Y fue mucho más fuerte
El llamado que el sueño

Después de esto ya no sé qué más decir.

Capítulo 14

¿QUÉ LE HA PASADO AL PECADO?

Nunca olvidaré la sensación que me produjo cierta conversación durante una gira musical. Fue una comida en la que varios amigos y compañeros hablábamos de manera distendida sobre diferentes temas hasta que salió casualmente el nombre de un pastor amigo, al que hacía tiempo que yo no veía. Pregunté por él con curiosidad, ya que verdaderamente no había vuelto a saber nada de su vida en años. La respuesta que recibí me dejó de piedra. Uno de los anfitriones me informó que este pastor había caído lamentablemente en infidelidad matrimonial hacía tres años, arruinando su matrimonio y su familia. Aun así, al año siguiente había vuelto al ministerio y actualmente estaba sirviendo juntamente con su nueva esposa en otro lugar, como parte del liderazgo de una congregación de unos quinientos miembros. Yo no podía dar crédito. Me interesé por el estado de su primera esposa y los hijos, y supe que ella había estado dispuesta a perdonarle desde el primer momento y restaurar su matrimonio, pero él no quiso someterse al proceso, así que ella había quedado sola, actualmente fiel al Señor, cuidando a los hijos, congregándose en el lugar original y tratando de sobrevivir a la tormenta que se le había venido encima. Se me atragantó la comida.

Pero no fue eso lo peor. Lo peor fue la conversación que se desencadenó a partir de ahí, que consiguió acabar definitivamente con el hambre que me quedaba. Mis compañeros de mesa comenzaron a lamentar la caída de este pastor expresando una tremenda comprensión por él, repitiendo que «la carne es muy débil» y que «estas cosas son normales», y celebrando que al menos estuviera de nuevo sirviendo en el ministerio. Yo creí que se me caían las dos orejas. Protesté, extrañándome de que nadie mencionara a la esposa ni tuviera ninguna comprensión hacia ella ni hacia los hijos, y manifesté mi desacuerdo total con la postura del pastor y su nuevo ministerio con su nuevo matrimonio. Dije que para mí eso se llama adulterio y que no hay excusa posible para que continúe al frente de un ministerio espiritual cristiano porque no es ningún ejemplo a seguir, y que si tuviera un mínimo de decencia debería renunciar a cualquier puesto de liderazgo.

Ante esta reacción, mis compañeros respondieron con diferentes posturas: uno dijo que en realidad aquel primer matrimonio nunca debió haberse celebrado, otro dijo que era muy importante ejercitar la misericordia con los que han caído y que debemos restaurarles, y otro se mantuvo firme en que la carne es débil y «el que esté libre de pecado, que tire la primera piedra». Yo tampoco quise polemizar más, al fin y al cabo todavía nos quedaban varios días viajando juntos y no deseaba ser el responsable de ninguna tensión en el grupo, pero en el fondo de mi corazón me sentí muy incómodo porque, aun sin considerarme digno de tirar ninguna piedra contra nadie, comencé a dudar seriamente si todos los que nos llamamos ministros hemos comprendido el evangelio de Jesucristo, o si estamos siquiera predicando lo mismo.

Uno de los temas más preocupantes para mí dentro del cristianismo moderno es la normalización del pecado. Ese proceso que termina en lo que la Biblia denomina «conciencia cauterizada» (1Timoteo 4.2). Ese posicionamiento moderno en el que se relativiza todo lo que la Palabra de Dios llama pecado. Se minimiza su importancia y sus efectos, y se lleva a un terreno mucho más gris e impreciso en el que todo es muy discutible.

De hecho, he notado que cada vez se trata de evitar más el tema. ¿Qué le ha pasado al pecado? Ya no está incluido en el índice de temas importantes a tratar. Aparentemente ahora hay otras cuestiones más relevantes y más convenientes: prosperidad, estrategias de «iglecrecimiento», declaración positiva, autoestima, múltiples seminarios sobre diversos temas, pero poco acerca de la santidad y de vivir apartado del pecado. Parece como si la sola palabra «pecado» fuese ofensiva o altisonante, y hubiera que tratar de esquivarla. Como si se pudiera predicar la Buena Nueva de la salvación sin hacer referencia al pecado. Existen ya incluso «ministerios especializados» que se dedican solo a motivar y a transmitir pensamientos positivos a las personas, y claro, el tema del pecado no cabe muy bien ahí. «No va con el estilo personal de estos predicadores». Al menos así lo manifiestan claramente ellos, justificando su mensaje incompleto por una cuestión de «estilo personal». Yo creo con toda sinceridad que esto es un error, porque aunque sí es cierto que cada uno tiene sus dones y puede ser más eficiente en ciertas áreas por encima de otras, eso no debería afectar al contenido del mensaje que transmitimos, porque nosotros no somos autores de nada, sino simples mensajeros. Es igual que si un actor cambia el guión del autor por considerar que lo que está escrito no se adapta muy bien a su personalidad. O si un pianista interpreta una sonata de Beethoven y en el segundo movimiento cambia ciertas notas porque le gustan más, o porque se adaptan menor a su propio estilo. Es un disparate. Aun así, hay quienes lo hacen habitualmente sin despeinarse lo más mínimo y sin mover una ceja, en el campo de la música, en el teatro y, lamentablemente, también en la iglesia.

Pablo por su parte se asegura de no cometer este error, y en su despedida de los efesios en Hechos 20.26–27 les dice lo siguiente: «Por tanto, yo os protesto en el día de hoy, que estoy limpio de la sangre de todos; porque no he rehuido anunciaros todo el consejo de Dios». Pablo pone especial atención en no dejarse en el tintero nada por incómodo que les resulte a los efesios. Dios no le había llamado a hacer amigos, sino a predicar el evangelio. Sin embargo, en la actualidad son cada vez más los cristianos que desean escuchar una predicación suave y motivadora, ejecutada con profesionalidad y técnicas modernas de oratoria, de temática positiva, con mucha información, con humor, con ejemplos dinámicos, pero que no confronte la naturaleza pecaminosa del ser humano ni se meta en cuestiones incómodas para la persona. Lo importante parece ser que el mensaje guste a la audiencia, para que vuelvan otro día. Y así se levantan y reproducen «ministerios» modernos de predicación light, que como mucho son buenos motivadores pero no son predicadores del evangelio porque, al contrario que Pablo, sí «rehúyen anunciar TODO el consejo de Dios».

Por ejemplo, la mentira (a la que dedicaré otro capítulo más adelante). La Biblia establece ya desde los Diez Mandamientos que Dios aborrece el falso testimonio (Éxodo 20.16). En Proverbios 12.22 dice: «Los labios mentirosos son abominación a Jehová, pero los que hablan verdad son su contentamiento». Hay cientos de versículos que dejan claro que la mentira es algo que Dios detesta, algo pecaminoso que no agrada a Dios, que hace separación entre Dios y el hombre. En Apocalipsis 21.8 leemos que los mentirosos «tendrán su lugar en el lago de fuego» en clara alusión al final horrendo de aquellos que practican la mentira. Es decir que la mentira ES pecado: uno no tiene su lugar en el lago de fuego por algo que no sea pecado. Yo fui criado por mis padres en el evangelio y aprendí desde niño esta realidad. Si yo era «cazado» en alguna mentira, mi padre me lo hacía pagar muy caro para que aprendiera y no pensara que podía salir ileso, porque creía literalmente lo que la Palabra de Dios establece al respecto. En mi casa, la mentira no era tolerada y el mentiroso no era tratado con muchas contemplaciones. Pero no por una cuestión de estilo personal de mi padre sino porque la Palabra de Dios así lo establece, y en aquella casa se vivía bajo el gobierno de la Palabra de Dios. Jamás olvidaré el castigo que me infringió en una ocasión por mentir, ni su obsesión por erradicar de mi vida la mentira, ya que según la Biblia, un hijo de Dios debe hablar verdad con su prójimo (Efesios 4.25), y el diablo es padre de mentira (Juan 8.44).

Pues bien, a lo largo de mi vida y encuentros con diversos cristianos he descubierto después, que dependiendo de quién y de dónde, en algunos lugares o en algunos casos esto de la mentira se lleva de otra forma. Parece ser que muchos creyentes no lo ven de manera tan radical. Donde la Biblia dice «abominación a Dios», ciertos cristianos dicen «no es para tanto». Pareciera como si de vez en cuando un siervo de Dios también tuviera derecho a mentir, a decir algo que no es exacto, y no pasa nada..., o sea que nadie se alarma, al contrario, esto se disculpa y se considera normal, es como muy humano y es pasable. Y lo mismo sucede con otras muchas conductas pecaminosas claramente identificadas como tales en la Palabra de Dios. Simplemente se normalizan como si no tuvieran tanta importancia.

Y sinceramente, como yo no soy ningún charlatán ni ningún conferenciante para empresarios, ni me dedico a repartir palabras a gusto del consumidor como un «entertainer», como no estoy interesado en publicar mis propias opiniones para que se conozcan, más bien me considero un siervo de Dios obsesionado con la verdad de Dios, prefiero callarme y dejar que sea la misma Biblia quien hable. Por ejemplo, en 1 Corintios 6.9–10 leemos: «¿No sabéis que los injustos no heredarán el reino de Dios? No erréis; ni los fornicarios, ni los idólatras, ni los adúlteros, ni los afeminados, ni los que se echan con varones, ni los ladrones, ni los avaros, ni los borrachos, ni los maldicientes, ni los estafadores, heredarán el reino de Dios». ¿Cuántas posibles interpretaciones se le pueden dar a este pasaje? Porque yo he encontrado cristianos por todo el mundo que practican cualquiera de estas cosas que Pablo menciona aquí, y siguen absolutamente convencidos de que sí heredarán el reino de los cielos. ¿Cómo puede ser? Peor aun, he encontrado ministros del evangelio que minimizan estas cosas y mantienen el tipo tranquilamente.

Echemos un vistazo a la siguiente lista que el apóstol da en 1Timoteo 1.9–11:

> Conociendo esto, que la ley no fue dada para el justo, sino para los transgresores y desobedientes, para los impíos y pecadores, para los irreverentes y profanos, para los parricidas y matricidas, para los homicidas, para los fornicarios, para los sodomitas, para los secuestradores, para los mentirosos y perjuros, y para cuanto se oponga a la sana doctrina, según el glorioso evangelio del Dios bendito, que a mí me ha sido encomendado.

Al leer esta lista, tengo la sensación de que un buen número de cristianos opinarían que ciertos términos aquí son terribles, mientras otros son menos malos. Sin embargo, yo los veo todos en la misma lista y al mismo nivel, según el apóstol.

En 1 Corintios 5.9–11 el mismo apóstol Pablo dice lo siguiente:

> Os he escrito por carta, que no os juntéis con los fornicarios; no absolutamente con los fornicarios de este mundo, o con los avaros, o con los ladrones, o con los idólatras; pues en tal caso os sería necesario salir del mundo. Más bien os escribí que no os juntéis con ninguno que, llamándose hermano, fuere fornicario, o avaro, o idólatra, o maldiciente, o borracho, o ladrón; con el tal ni aun comáis.

Estoy convencido de que esa corriente cristiana moderna que minimiza el pecado y no quiere hablar de él se equivoca terriblemente. Esta tendencia cada vez más extendida en la iglesia de Jesucristo es una de las cosas que necesitan cambiar urgentemente. Los que pretenden ser más buenos que Dios y disculpar el pecado sin que haya un reconocimiento y una separación del mismo, ni siquiera saben lo que están haciendo. No hemos sido llamados a buscar adeptos ni esto es un concurso de números, a ver quién tiene más simpatizantes o seguidores, o a ver quién ofende menos al ser humano caído. La Biblia es tan clara en estas cosas que uno solo puede comprender a los cristianos que minimizan o normalizan el pecado, considerando tres posibilidades:

1. O no saben leer.
2. O no pueden comprender lo que leen.
3. O no quieren ni leer ni comprender lo que la Palabra dice.

Sinceramente, creo que la tercera opción es la más frecuente. Por supuesto que hay personas que quizá tengan problemas de comprensión o de lectura, pero la gran mayoría de los que le quitan importancia al pecado, no es porque no entiendan bien el asunto, sino porque no desean abandonar su estilo de vida. Es más una cuestión de conveniencia que de incapacidad. Les resulta demasiado duro renunciar a aquello que les gusta y tratan de compatibilizarlo con el evangelio. Y claro, esto es imposible, a menos que cambiemos el propio evangelio, que es exactamente lo que terminan haciendo.

Y la triste realidad es que tenemos a un grandísimo sector de la cristiandad alrededor del mundo normalizando y minimizando el pecado, evitando hablar de él, dándolo por válido y por natural. Cristianos que conviven con cuestiones pecaminosas y en lugar de erradicarlas de su vida confesándolas y trayéndolas a la cruz de Cristo, optan por justificarlas, explicarlas, y hacen campaña para que el resto del cuerpo se convenza de que estas cosas no son tan malas, y que quienes así piensan son intolerantes, rígidos, anticuados, viven bajo la ley y demás disparates... Y no hablo de temas en los que se podría discutir sobre ley y gracia, hablo de la lista de 1 Corintios 6, por ejemplo.

Pablo lo supo ya entonces y, en su última carta, le advierte a Timoteo:

> Te encarezco delante de Dios y del Señor Jesucristo, que juzgará a los vivos y a los muertos en su manifestación

> y en su reino, que prediques la palabra; que instes a tiempo y fuera de tiempo; redarguye, reprende, exhorta con toda paciencia y doctrina. Porque vendrá tiempo cuando no sufrirán la sana doctrina, sino que teniendo comezón de oír, se amontonarán maestros conforme a sus propias concupiscencias, y apartarán de la verdad el oído y se volverán a las fábulas. Pero tú sé sobrio en todo, soporta las aflicciones, haz obra de evangelista, cumple tu ministerio (2 Timoteo 4.1–5).

¿«Maestros conforme a sus propias concupiscencias»? Cualquiera que estudie un poco sabrá que la palabra *concupiscencia* tiene que ver con la tendencia personal que cada uno siente hacia ciertos pecados. Imagínate la magnitud de lo que Pablo está advirtiendo: un amontonamiento de gente que al no poder sufrir la sana doctrina, se harán maestros para enseñar a otros conforme a su propia tendencia natural hacia el pecado... ¡casi nada! Parece un cuadro bastante exacto de lo que tenemos hoy de forma cada vez más generalizada. En lugar de acatar la sana doctrina, me hago experto en defender mi particular tendencia pecaminosa y justificarla, Biblia en mano.

Tenía tan buena vista el apóstol que lo vio venir de lejos...

Capítulo 15

POR AMOR A LA VERDAD

Jesús dijo que la verdad nos haría libres (Juan 8.32). Sin embargo, vivimos en una sociedad que no siente tanta emoción por la verdad. Aparentemente persiguen la verdad, nadie quiere sentirse engañado, pero esa es solo la teoría, la práctica funciona de otra manera. Los políticos, los abogados, los periodistas y las personas de mayor influencia saben de antemano que la mentira será parte vital de su profesión, y entienden desde el principio que a menos que puedan sostener una mentira y adquieran la habilidad de mentir sin que se note, no serán buenos profesionales. Entre los políticos es muy conocida la máxima de que al pueblo no hay que decirle siempre la verdad, por el bien del propio pueblo. Y dentro de la mentalidad mundana tiene su lógica porque en el fondo, la gente prefiere el placer a la verdad. Si la verdad pone en peligro el bienestar, entonces la mayoría prefiere la mentira. Mirar hacia otro lado. Ojos que no ven, corazón que no siente. Y también se ha hecho muy popular la idea de que «la verdad duele», o que a veces la verdad es «demasiado dura». Así que es mejor evitarla. Cuando esto sucede en la iglesia, estamos sacrificando un principio fundamental. En otras palabras, esto no puede suceder entre cristianos.

Siempre recuerdo la historia que me contó un buen amigo durante mi estancia en el seminario bíblico en Alemania, como estudiante. Hablábamos del verdadero arrepentimiento que conduce a la salvación, tal y como lo plantea Pablo en 2 Corintios 7.10, cuando dice: «la clase de tristeza que Dios desea que suframos nos aleja del pecado y trae como resultado salvación. No hay que lamentarse por esa clase de tristeza; pero la tristeza del mundo, al cual le falta arrepentimiento, resulta en muerte espiritual» (NTV);

y comentábamos precisamente la diferencia que existe entre esa tristeza del mundo que se parece muchísimo al arrepentimiento, pero que nunca llega a ser verdadero arrepentimiento, sino solo una pesadumbre pasajera motivada por otras cosas. Una especie de bajón emocional porque las cosas no han salido como uno esperaba, pero que no conlleva ningún cambio sustancial en la persona, ningún reconocimiento de la verdad, y por lo tanto tampoco puede traer salvación, sino que como dice la Palabra, solo produce muerte. Es como si existiera un arrepentimiento verdadero, y también uno falso. Mi amigo y yo le pusimos nombre a la cosa para entendernos y para diferenciar lo uno de lo otro. Llamamos «arrepentimiento por conciencia» al verdadero arrepentimiento, y al falso le pusimos «arrepentimiento por vergüenza». Para explicarme bien, paso a relatar la historia de mi amigo Peter.

Resulta que Peter se crio en una zona bastante pobre del planeta, y estudió desde niño en un internado cristiano, lejos de sus padres. Allí dormía, comía y hacía una vida normal con el resto de sus compañeros. La escuela era regentada por un grupo de misioneros que se esforzaban en proveer comida, asilo y buena enseñanza a los muchachos, además de instruirles en los principios cristianos. Gracias a las ofrendas y apadrinamientos de numerosos hermanos alrededor del mundo conseguían lo necesario para subsistir en aquel lugar. Un día, al despertar por la mañana y abrir el frigorífico, el cocinero descubrió con horror que había desaparecido toda la carne congelada que les serviría de alimento durante muchos días. Aquello suponía un revés importante, ya que no tenían forma de conseguir más carne aquel mes. Era evidente que alguien la había robado por la noche. De modo que decidieron reunir a todos los alumnos y les comunicaron el siguiente mensaje:

> Ha desaparecido la carne del frigorífico. Alguien la ha robado. Tiene que haber sido alguien de la escuela. Rogamos a la persona que haya robado la carne que,

> por favor, recapacite y se dirija a alguno de los maestros para devolverla cuanto antes. No vamos a delatarle ni tampoco castigarle, pero necesitamos el alimento. Arreglemos esto por favor. Si no lo recuperamos, ningún niño podrá comer carne durante todo el mes.

Todo el mundo quedó consternado, pero pasó una semana entera sin que nadie mostrara señal alguna de arrepentimiento ni intención de devolver la comida. Así que, transcurrida una semana, los maestros volvieron a reunir a todos los integrantes de la escuela, para transmitirles el siguiente mensaje:

> Hace una semana desapareció la carne del frigorífico. En vista de que nadie ha venido a hablar con nosotros, hemos preparado una habitación en la planta baja del edificio, con un frigorífico vacío en el centro. La habitación estará abierta las veinticuatro horas del día. Queremos facilitar las cosas para que la persona que tenga la carne pueda devolverla cuanto antes. Rogamos a quien haya sido que deposite la carne robada en el frigorífico, a cualquier hora del día. No es necesario que se identifique, pero por favor devuélvala. Si no la recuperamos, ningún niño podrá comer carne durante todo el mes.

De nuevo transcurrió una semana entera sin ninguna reacción. Así que el director de la escuela cambió de estrategia y volvió a reunir a todos en el auditorio principal. Esta vez el mensaje fue el siguiente:

> Hace dos semanas desapareció la carne del frigorífico, y hemos identificado al ladrón. Aunque sabemos con seguridad quién es, le concedemos todavía veinticuatro horas

> para que devuelva la carne robada sin consecuencias. De lo contrario, mañana le delataremos abiertamente, tendrá que pagar una multa por los perjuicios causados y será expulsado de la escuela. El reloj ya está en marcha.

Curiosamente, aquella noche desaparecieron dos muchachos de la escuela y nunca más se volvió a saber nada de ellos.

Peter me explicaba que, para los hombres de aquella cultura, la vergüenza de verse descubiertos era tan horrible que preferían desaparecer del mapa antes que reconocer su pecado. Huir de la escuela significaba perder no solo una posibilidad de educación impagable, sino de cobijo y manutención gratuita durante varios años. Sin embargo, preferían salir corriendo y no ver a nadie nunca más, en lugar de devolver la comida por el bien de todos, incluidos ellos mismos y pasar el bochorno de que se supiera la verdad. Es decir, que preferían tapar su pecado en lugar de reconocerlo y apartarse de él. En otras palabras, no tenían conciencia, solo sentían vergüenza. No podían convivir con una mancha en su reputación pero sí podían convivir con el pecado, siempre que permaneciera oculto.

Me impresionó mucho la historia y, a mis diesisiete años pensé que en el país de Peter las personas tenían un terrible problema de hipocresía, ya que le daban mucho más valor a su reputación que a la verdad. No era consciente entonces de que este tipo de comportamiento no es exclusivo del país de Peter sino que se extiende a toda la humanidad. Varias veces esta realidad me ha golpeado con dureza. La peor de todas fue cuando no hace mucho tiempo, un amigo (hermano en Cristo y colaborador cercano) empezó a robarme dinero sin saber que yo me estaba dando cuenta. En lugar de arremeter contra él como se merecía, traté de darle la oportunidad de que confesara por sí mismo y comencé a hacerle preguntas muy concretas y a pedirle comprobantes de algunos movimientos dudosos para tocar su conciencia y llevarle al punto en que reconociera la verdad, pidiera perdón y corrigiera su conducta. Sinceramente, eso hubiera sido suficiente para mí. Pero ante mi asombro, al sentirse acorralado, en lugar de ser honesto y confesarme la verdad, comenzó a sumar mentira sobre mentira inventando las historias más increíbles hasta el punto de llegar a falsificar documentos, con tal de ocultar su pecado y quedar libre de culpa. Yo no podía creer lo que estaba sucediendo. Evidentemente mi confianza en él quedó totalmente destruida.

No son hechos aislados. He sido testigo de situaciones parecidas demasiadas veces como para pensar que solo son casualidades. Cuando hay una situación de pecado, es una conducta habitual humana tratar de esconderlo. Es lo que hizo Adán en el Edén, es lo que hizo Eva, y es lo que seguimos haciendo constantemente. Mientras el ser humano vea alguna posibilidad de escapar y quitarse la culpa de encima, tratará de hacerlo, aunque sea con mentira. Lo vemos constantemente, desde los políticos que incumplen sus promesas y dan mil explicaciones ridículas para justificarse, hasta los futbolistas que después de cometer un penalty hacen gestos con los brazos indicando que solo han tocado la pelota y no al jugador, cuando la repetición a cámara lenta muestra la patada alevosa y uno se sorprende de que no le haya partido la pierna al otro que se retuerce en el suelo (casi siempre exagerando también). Todo el mundo se declara inocente. Nadie confiesa la verdad de entrada si esta le perjudica, al contrario, son los demás los que tienen la obligación de demostrar una acusación. Así se rige nuestra sociedad y es terrible constatar que los cristianos también nos hemos dejado arrastrar por esa corriente. No amamos la verdad, amamos más nuestra reputación. Si la verdad perjudica nuestra imagen, mantenemos una mentira. Nos importa más la opinión que tengan de nosotros que la auténtica realidad, y si llega el caso, defenderemos nuestra reputación en lugar de posicionarnos del lado de la verdad. Esto es normal en nuestra sociedad, pero es dramático que sea normal entre cristianos. Porque la Palabra de Dios dice en Proverbios

28.13: «El que encubre sus pecados no prosperará; Mas el que los confiesa y se aparta alcanzará misericordia». Y Pablo recalca en Gálatas 6.7: «No os engañéis; Dios no puede ser burlado: pues todo lo que el hombre sembrare, eso también segará».

Esta es una realidad que el rey David conocía de primera mano. Cuando escribe: «Mientras callé, se envejecieron mis huesos en mi gemir todo el día, porque de día y de noche se agravó sobre mí tu mano; se volvió mi verdor en sequedades de verano» (Salmos 32.3–4), sabe perfectamente lo que dice porque lo ha vivido personalmente. Pecó deliberadamente con Betsabé, la dejó embarazada, trató de embaucar a su esposo Urías emborrachándole e intentando que durmiera con su esposa para justificar el embarazo, y cuando no pudo manipularle, le envió al frente de batalla con una carta en la mano para el general Joab, sin decirle que aquella carta era su sentencia de muerte. Aquello fue más que adulterio, fue asesinato con premeditación, nocturnidad y alevosía. Después silenció el hecho y nadie supo nada, al contrario, trajo a Betsabé al palacio y la hizo su esposa, con lo cual su reputación quedó intacta, incluso salió reforzado porque ante los ojos de todo el mundo hizo una buena obra, encargándose personalmente del cuidado y manutención de la pobre viuda. Nadie supo nada y el gran David, el hombre de Dios, el dulce cantor de Israel, se paseaba por su palacio a ojos de todo el pueblo con la reputación intacta. Hasta que apareció el profeta Natán y le delató. Vivió en la mentira durante más de un año, tapando su pecado y envejeciendo por dentro, aunque por fuera su imagen era inmejorable. Pero por dentro el hombre se estaba pudriendo lentamente. La llegada de Natán le salvó la vida porque la verdad le hizo libre. En Salmos 32.5 escribe: «Mi pecado te declaré, y no encubrí mi iniquidad. Dije: Confesaré mis transgresiones a Jehová; y tú perdonaste la maldad de mi pecado».

Estoy convencido de que este episodio define el corazón de David mucho más que otros capítulos de su vida. Porque de todas las reacciones posibles que pudo haber tenido ante la acusación de

Natán (recordemos que era el rey y no tenía por qué soportar aquella humillación), David escogió la verdad, la confesión, incluso a precio de que su reputación saliera maltrecha. No escondió su maldad, escribió el salmo 51, una auténtica joya de dominio público, en la que el rey confiesa abiertamente su pecado (no miente, no tapa, no minimiza, no justifica: confiesa y reconoce), y es liberado de su carga interior: «Ten piedad de mí, oh Dios, conforme a tu misericordia; conforme a la multitud de tus piedades borra mis rebeliones. Lávame más y más de mi maldad, y límpiame de mi pecado. Porque yo reconozco mis rebeliones, y mi pecado está siempre delante de mí. Contra ti, contra ti solo he pecado, y he hecho lo malo delante de tus ojos».

¿Existe en el universo alguna oración de arrepentimiento más bella y más honesta que esta?:

> Purifícame con hisopo, y seré limpio; lávame, y seré más blanco que la nieve. Hazme oír gozo y alegría, y se recrearán los huesos que has abatido. Esconde tu rostro de mis pecados, y borra todas mis maldades. Crea en mí, oh Dios, un corazón limpio, y renueva un espíritu recto dentro de mí. No me eches de delante de ti, y no quites de mí tu santo Espíritu. Vuélveme el gozo de tu salvación, y espíritu noble me sustente (Salmos 51.7–12).

Todos deberíamos orar el salmo 51 más a menudo.

Sin embargo, no sirve de nada si no nace de un corazón dispuesto a posicionarse del lado de la verdad, cueste lo que cueste. Porque el verdadero arrepentimiento tiene que apoyarse en una búsqueda genuina de la VERDAD por encima de todo. Si hay escondites, doble fondo, ambigüedad, autojustificación, tapujos, etc., no sirve de nada. David lo entendió y lo expresó claramente en el versículo 6: «He aquí, tú amas la verdad en lo íntimo, y en lo secreto me has hecho comprender sabiduría». Sin la verdad no hay liberación auténtica, ni vida.

Esta es una asignatura pendiente en el cristianismo moderno. Escribo esto con profundo dolor, con temor y temblor, pero dirigiéndome a todos los que estamos en lugares de liderazgo espiritual, plenamente consciente de que no podremos cumplir la Gran Comisión si hay doblez en nuestras motivaciones de fondo. Si nos importa más la opinión de los hombres que la opinión de Dios. Si tenemos más vergüenza que conciencia. Si valoramos más nuestra fama que la verdad. Si somos capaces de convivir con el pecado oculto, tapándolo y negando la evidencia con tal de mantener una posición de prestigio, porque reconocerlo sería un precio demasiado elevado a pagar. Si ocultamos la verdad porque dañaría nuestra reputación, y escogemos la mentira. Sonrientes pero esclavizados. Siempre guapos y elegantes, pero nunca verdaderamente libres. Respetados por los hombres pero rechazados y humillados un día cuando tengamos que tragarnos las terribles palabras del Maestro diciéndonos: «No os conozco [...] apartaos de mí» (Mateo 25.12, 41).

Señores, una vez más: esto no es gratis. Las consecuencias y el precio espiritual que pagaremos por estas cosas serán muy altos. Por un lado, normalizaremos este tipo de conducta en la iglesia contribuyendo a la corrupción dentro de la misma, y por el otro, nuestro mensaje hacia afuera no será efectivo ni creíble. Nuestra predicación no tendrá autoridad ni peso espiritual.

Jesús dijo ser el camino, la verdad, y la vida. ¿Hemos entendido la implicación de estas palabras? Sabemos que Él es el camino y no hay otro camino posible ni aceptable para Dios. Entendemos que Él es la vida, y que no hay auténtica vida fuera de Él. ¿Pero hemos comprendido también que Él es la VERDAD en el sentido más amplio y completo de la palabra? ¿Comprendemos que no hay mentira en Él y que Él no soportará ni aguantará ningún tipo de mentira en su presencia?

No hace mucho escuché que un hermano le decía a una hermana: «Sé muchas cosas que tú no sabes acerca de tu esposo, pero no te las diré nunca porque te amo demasiado y no quiero herirte». Personalmente yo respondería: «Prefiero que no me ames tanto y que me hieras con la verdad». Porque yo le sigo creyendo más a Jesús que a la filosofía actual de este mundo. Puede que la verdad sea en ocasiones dura, e incluso desagradable, pero la prefiero un millón de veces más que a la mentira. Porque la verdad es parte de la naturaleza de Dios mientras que la mentira es característica del diablo, es genéticamente satánica (Juan 8.44). Y porque la verdad me hace siempre más bien que mal, me sana más de lo que me hiere y, definitivamente, me hace libre, mucho más libre.

Capítulo 16

LIDERAZGO ESPIRITUAL RESPONSABLE

Los americanos tienen una frase muy curiosa haciendo un juego de palabras que queda muy bien en inglés. Dicen: *you don't have success until you have a successor*. Significa: «No tienes éxito hasta que no tienes un sucesor». Y no les falta razón. Porque el verdadero éxito no consiste solamente en conseguir lo que uno se proponía, sino en ser capaz de mantenerlo después a lo largo del tiempo. ¿Cuánto tiempo? Esa es la cuestión.

Hoy escuchamos hablar continuamente sobre liderazgo espiritual y existen muchísimos libros acerca del tema. Creo que hay muy buen material al respecto y muchas cosas que se pueden aprender y aplicar en la práctica. Lo que más me preocupa es si más allá de las buenas enseñanzas y seminarios, hemos comprendido bien la gran responsabilidad que tenemos de ejercer un auténtico liderazgo espiritual, y de pasar la antorcha intacta a aquellos que vienen después para que no se apague nunca. Más bien tengo la sensación de que nos ocurre todo lo contrario. En el mundo evangélico sucede con demasiada frecuencia que nos afanamos en construir pequeños (o grandes) imperios que giran en torno a una personalidad relevante y, una vez que el personaje central desaparece, se desvanece con él la esencia de todo lo que había, y vuelta a empezar de cero. En el mejor de los casos, hay una transferencia de liderazgo pero se diluye mucha de la identidad inicial sobre la que se fundamentó todo.

A mi entender, esto tiene que ver con un enfoque demasiado temporal, demasiado anclado en el presente de lo que tenemos hoy delante, y a veces también en la propia ambición humana de destacar individualmente por encima de otros. Pero parece haberse convertido en otra «forma» de trabajo, no solo aceptable sino además envidiable. Como si nuestra meta debiera ser «hacer algo grande para el Señor» que se limita únicamente al tiempo que viviremos sobre esta tierra, sin pensar en qué pasará con esa obra, una vez que ya no estemos aquí. Es como si eso ya no fuera nuestra responsabilidad. Nos absorbe tanto el trabajo diario y el enfoque en lo que tenemos que hacer hoy, que no llegamos a pensar más a largo plazo. Creo que nos ayudaría mucho un cambio de enfoque.

Hace algún tiempo fui invitado a un veinticinco aniversario de una conocida institución cristiana en España. Acudí y estuve presente durante el servicio, la alabanza, la predicación de la Palabra y recibí gran bendición a través del acto. Pero en un momento del mismo observé que más del noventa y cinco por ciento de las personas presentes eran adultos mayores de 40 años. Apenas pude distinguir jóvenes, ni mucho menos adolescentes o niños. Eso me sobrecogió. Entendí que todas aquellas personas habían sido transformadas por el poder de Jesucristo y expresaban con fervor su alabanza y su fe, pero me pregunté qué pinta tendría el cincuenta aniversario, veinticinco años más tarde...

Hoy, cuando escucho nombres de personas conocidas en el campo cristiano, inevitablemente me pregunto dónde están los sucesores. Es decir, me cuestiono si la persona fundadora, la más conocida, la que es el alma del movimiento, tiene ya identificado a su próximo sucesor y si en su concepto de liderazgo está bien asentada la idea de que cuando el director desaparezca, no se debería desvanecer ni detener la obra. O si por el contrario, ni siquiera ha pensado en ello.

Me encanta observar el vuelo de las aves migratorias. La figura que se forma en el cielo parece un ángulo que avanza invariable, y apenas se distingue bien el cambio constante que se produce en la cabeza de la bandada. Los pájaros intercambian sus posiciones para no cansarse y avanzar mejor, pero nadie lo diría desde aquí abajo. Parece una figura fija. Sucede lo mismo con el pelotón de ciclistas en las grandes vueltas como el Tour de Francia. Cuando corren en grupo se turnan en el pico de la carrera, pero visto desde el helicóptero se observa un vértice perfecto que no varía en su forma. Nadie nota nada. Y es porque en ese momento ningún individuo del grupo siente un protagonismo personal, sino que todos piensan en el bien y en el avance del grupo. De ese modo no se nota cuando el sujeto que está al frente deja paso al siguiente, la figura no sufre variaciones. Si uno de ellos pretendiera ser más importante que el resto del grupo y se adueñara permanentemente de la posición más visible, no solo se perjudicaría él mismo sino que dañaría y ralentizaría la marcha de todo el grupo.

Creo que el protagonismo personal es en la actualidad uno de los mayores enemigos del liderazgo espiritual efectivo. Evidentemente su origen está en el orgullo. Esa tendencia a brillar por encima del resto. Y lamentablemente esto es algo de lo que la iglesia actual no está exenta. Precisamente observamos cómo se idolatra muchas veces a personas concretas por su ministerio, o por la labor que realizan, y parece como si en el gran cuerpo de Cristo existieran algunas estrellas importantes, y el resto fueran de segunda categoría. Yo entiendo que en cualquier ejército existe una jerarquía y que igualmente en el cuerpo tiene que haber un orden, eso está fuera de toda duda. También comprendo y comparto que hay diferentes miembros y que cada uno de ellos juega un papel más o menos relevante dependiendo del momento, lugar, circunstancia etc. Igualmente reconozco que hay quienes realizan su labor con más efectividad y compromiso que otros. Pero lo que quisiera enfatizar es la importancia de la transferencia de liderazgo en cada una de esas funciones.

Casos tan tristes como la lamentable pérdida y el ocaso de la Catedral de Cristal en California son ejemplos que nos deberían hablar por sí solos. Leí no hace mucho un artículo de Lucas Leys al respecto, en el que exponía algunos puntos clave que llevaron a esta iglesia a su situación actual. Y todos ellos tienen que ver con una visión limitada a un tiempo determinado, unos años concretos, tras los cuales todo el esplendor se viene abajo. Porque nadie pensó a tiempo en la sucesión. Nadie pensó que el impacto en la sociedad de aquel ministerio era más importante que los nombres propios de las personas. Y así, cuando el ministerio de un hombre sucumbe, se desvanece todo el andamiaje.

Y me resisto a creer que esa fuera la idea original. La iglesia de Jesucristo no se constituyó para que ciertos individuos brillasen y dejaran su huella en la humanidad, sino todo lo contrario. La iglesia es más importante que nosotros. Nosotros fuimos creados para formar parte de la iglesia de Jesucristo y contribuir a que ELLA deje su huella permanente en la humanidad. La iglesia es mayor que nosotros, y no viceversa. Nosotros servimos a Jesucristo y a su iglesia, no nos servimos de ella para crearnos un nombre que sea recordado.

Mi oración a Dios es que cuando yo pase no haya sobresaltos, sino que el testigo esté ya en la mano de alguien que pueda correr como mínimo a la misma velocidad que yo corría, nunca menos. De hecho, debería superar mi velocidad con un par de pasos porque se supone que ha estado un tiempo ya a mi lado, corriendo junto a mí, y ha aprendido de mí, tanto de mis fortalezas como de mis debilidades, y a estas alturas no repetirá mis errores sino que llevará la antorcha mucho más lejos y más adelante de lo que yo lo hice. Me encantaría que el cambio ni siquiera se notara, porque esa sería una señal evidente de éxito: un sucesor. Escribo esto con convicción y gran responsabilidad, sabiendo que ninguno de nosotros somos eternos y que el tiempo nos juzgará y revelará al resto del mundo si fue más importante para nosotros crearnos un nombre o edificar fielmente la parte que nos toca del reino de Dios, para entregarla después intacta en manos del que siga. ¿Qué otra cosa es liderazgo espiritual responsable?

Además hay una palabra que está presente constantemente en el Nuevo Testamento, y es la palabra «herencia». Pablo habla mucho de ella, y sé que la herencia es lo que recibimos de Dios personalmente en términos espirituales, sé que habla de la salvación y todo lo que está relacionado con ella, pero al mismo tiempo estoy convencido de que el evangelio de Jesucristo tiene en sí mismo el poder de abrirse un camino de generación en generación, de modo que el que llega a tomar el testigo no tenga que comenzar de nuevo siempre y edificar desde la nada, sino que pueda continuar construyendo sobre lo que ya se edificó antes. Creo que Pablo expresa esta idea exactamente cuando escribe en 1 Corintios 3.4–13 lo siguiente:

> Porque diciendo el uno: Yo ciertamente soy de Pablo; y el otro: Yo soy de Apolos, ¿no sois carnales? ¿Qué, pues, es Pablo, y qué es Apolos? Servidores por medio de los cuales habéis creído; y eso según lo que a cada uno concedió el Señor. Yo planté, Apolos regó; pero el crecimiento lo ha dado Dios. Así que ni el que planta es algo, ni el que riega, sino Dios, que da el crecimiento. Y el que planta y el que riega son una misma cosa; aunque cada uno recibirá su recompensa conforme a su labor. Porque nosotros somos colaboradores de Dios, y vosotros sois labranza de Dios, edificio de Dios. Conforme a la gracia de Dios que me ha sido dada, yo como perito arquitecto puse el fundamento, y otro edifica encima; pero cada uno mire cómo sobreedifica. Porque nadie puede poner otro fundamento que el que está puesto, el cual es Jesucristo. Y si sobre este fundamento alguno edificare oro, plata, piedras preciosas, madera, heno, hojarasca, la obra de cada uno se hará manifiesta; porque el día la declarará, pues por el fuego será revelada; y la obra de cada uno cuál sea, el fuego la probará.

Toda la filosofía de enseñanza del apóstol Pablo va en esta dirección. Desde luego que tiene muy clara la jerarquía momentánea y el lugar de cada uno en la obra, así como los principios de autoridad, pero lleva dentro el germen de la transferencia espiritual, la entrega del testigo, la herencia. En 2 Timoteo 2.2 hay un versículo que muestra la mentalidad de Pablo: «Lo que has oído de mí ante muchos testigos, esto encarga a hombres fieles que sean idóneos para enseñar también a otros». La frase nos deja ver hasta dónde le llegaba la visión a Pablo porque de entrada incluye hasta cuatro generaciones:

1. PABLO: Lo que has oído de *mí*...
2. TIMOTEO: Lo que *has* (tú) oído de mí...
3. HOMBRES FIELES E IDÓNEOS:...esto encarga a *hombres fieles que sean idóneos*...
4. OTROS:...para enseñar también a *otros*.

Mi pregunta es: ¿cuánto invertimos en esto? ¿Le damos la importancia necesaria o estamos demasiado ocupados con nuestro día a día como para pensar en ello?

Hay un ejemplo en el Antiguo Testamento que me resulta muy gráfico: la época de los jueces de Israel. El libro de Jueces está lleno de historias increíbles con manifestaciones espectaculares del poder de Dios, y me parece un segmento maravilloso de la historia de Israel, excepto por el triste epitafio del último versículo y por todo lo que representa. Dice lo siguiente: «En estos días no había rey en Israel; cada uno hacía lo que bien le parecía» (Jueces 21.25, repetido también en 17.6). Esta es una buena descripción del panorama anárquico que presidía aquellos tiempos y que trajo como resultado todo el cuadro que describe el libro. Quisiera analizarlo en el próximo capítulo.

Capítulo 17

LOS JUECES

El capítulo 2 del libro de los Jueces comienza narrando lo siguiente:

> El ángel de Jehová subió de Gilgal a Boquim, y dijo: Yo os saqué de Egipto, y os introduje en la tierra de la cual había jurado a vuestros padres, diciendo: No invalidaré jamás mi pacto con vosotros, con tal que vosotros no hagáis pacto con los moradores de esta tierra, cuyos altares habéis de derribar; mas vosotros no habéis atendido a mi voz. ¿Por qué habéis hecho esto? Por tanto, yo también digo: No los echaré de delante de vosotros, sino que serán azotes para vuestros costados, y sus dioses os serán tropezadero (Jueces 2.1–3).

Estos versículos son el preámbulo de todo el paisaje que vivirá Israel durante los años siguientes. Aparentemente quedaba aún mucha tierra por conquistar y numerosos pueblos continuaban habitando el mismo territorio juntamente con ellos, influyendo en toda su manera de vivir, lo cual le pareció a Dios un gran pecado y una tremenda deslealtad por parte de su pueblo. Él ya lo había avisado.

Y así se nos ofrece el siguiente resumen de la situación, narrada con gran exactitud en el capítulo 2.11–23:

> Después los hijos de Israel hicieron lo malo ante los ojos de Jehová, y sirvieron a los baales. Dejaron a Jehová el Dios de sus padres, que los había sacado de la tierra de Egipto, y se fueron tras otros dioses, los dioses de los

> pueblos que estaban en sus alrededores, a los cuales adoraron; y provocaron a ira a Jehová. Y dejaron a Jehová, y adoraron a Baal y a Astarot. Y se encendió contra Israel el furor de Jehová, el cual los entregó en manos de robadores que los despojaron, y los vendió en mano de sus enemigos de alrededor; y no pudieron ya hacer frente a sus enemigos. Por dondequiera que salían, la mano de Jehová estaba contra ellos para mal, como Jehová había dicho, y como Jehová se lo había jurado; y tuvieron gran aflicción. Y Jehová levantó jueces que los librasen de mano de los que les despojaban; (...) Y cuando Jehová les levantaba jueces, Jehová estaba con el juez, y los libraba de mano de los enemigos todo el tiempo de aquel juez; porque Jehová era movido a misericordia por sus gemidos a causa de los que los oprimían y afligían. Mas acontecía que al morir el juez, ellos volvían atrás, y se corrompían más que sus padres, siguiendo a dioses ajenos para servirles, e inclinándose delante de ellos; y no se apartaban de sus obras, ni de su obstinado camino. Y la ira de Jehová se encendió contra Israel, y dijo: Por cuanto este pueblo traspasa mi pacto que ordené a sus padres, y no obedece a mi voz, tampoco yo volveré más a arrojar de delante de ellos a ninguna de las naciones que dejó Josué cuando murió; para probar con ellas a Israel, si procurarían o no seguir el camino de Jehová, andando en él, como lo siguieron sus padres. Por esto dejó Jehová a aquellas naciones, sin arrojarlas de una vez, y no las entregó en mano de Josué.

¡Buff! Terrible cuadro. Mueren las generaciones antiguas que conocían a Dios y entendían el sentido de Israel como nación. Desaparecen, y no gestionan ninguna transferencia de liderazgo para la generación siguiente dejando un vacío, una ignorancia generalizada del plan de Dios y de sus propósitos con el pueblo. Los israelitas conocen más o menos su propia historia y lo que sus ancestros les han ido contando acerca de sus orígenes como nación, pero la realidad diaria les supera y no tiene nada que ver ya con aquellas historias antiguas. Así que sin identidad ni liderazgo claros, quedan a merced de la influencia que ejercen sobre ellos los pueblos paganos y comienzan a acercarse ideológicamente a ellos, abrazando sus rituales, sus costumbres, hasta su fe... y la ira de Dios se enciende.

Es así como se dibuja una plantilla de sucesos que se va repitiendo vez tras vez, y en la que yo distingo los siguientes puntos:

Vulnerabilidad-Tolerancia-Opresión-Clamor-Héroe-Abandono

Sucede de esta manera:

1. **Vulnerabilidad.** Al no tener un liderazgo claro, el pueblo queda expuesto y vulnerable a todo tipo de influencias. Evolucionan hacia una sociedad agrícola y avanzan en lo material, lo tecnológico, lo humano, abandonando su dependencia de Jehová. Chocan con el culto cananeo a Baal, relacionado con la fertilidad y las cosechas. Se sienten cada vez más atraídos por los dioses de esas tierras. ¡Y es lógico! Porque eso es lo que ha funcionado por años en esas sociedades cananeas a las que ellos se incorporan. Por lo tanto, olvidan totalmente que la lluvia, la sementera y la siega dependen directamente de Jehová, el Dios todopoderoso que les sacó de Egipto. Que la cosecha no es menos milagrosa que el Maná... Pero al no haber ningún trabajo serio y responsable de transferencia de valores, van perdiendo la conexión con el Dios de Israel y son vulnerables a toda influencia pagana.
2. **Tolerancia.** De la simple vulnerabilidad pasan a un fuerte sentido de tolerancia hacia las prácticas paganas. Se ven prácticamente obligados a ello, casi de manera inconsciente. Comienzan a

transigir con temas como la idolatría, la inmoralidad, los matrimonios mixtos, cosas que Dios les había prohibido terminantemente con gran claridad, pero que ellos ahora comienzan a admitir poco a poco y rompen su pacto con Dios, alegando que no se puede ser tan extremista y que hay que adaptarse a los nuevos tiempos... Se habla de introducir formas nuevas cuando en realidad se mutilan principios fundamentales.

3. **Opresión**. Lo que sucede a continuación es que en lugar de conquistar la tierra, la tierra les conquista a ellos y termina oprimiéndoles. Jesús dijo que el que practica el pecado es esclavo del pecado (Juan 8.34), y así les ocurre exactamente a ellos. De manera irremediable finalizan dominados política, social, económica y militarmente por otros pueblos, los cuales acaban oprimiendo y esclavizándoles con extrema crueldad.

4. **Clamor**. Al verse oprimidos e indefensos claman a Jehová, el Dios de sus padres. No importa el tiempo que haya transcurrido, o lo lejos que hayan llegado a apartarse de Él... de algún modo recuerdan a Jehová y se vuelven a Él.

5. **Héroe**. Dios es movido a misericordia por el clamor de su pueblo y les envía un libertador. Suele ser un hombre a quien Dios escoge, usa, para liberar a su pueblo a través de él. Es un período glorioso de liberación, intervenciones divinas asombrosas y hazañas heroicas. Y mientras este héroe o «juez» vive, el pueblo permanece fiel a Dios.

6. **Abandono**. Tan pronto muere el héroe, el pueblo de Dios se relaja en su fe y relación con Dios, abandonando de nuevo a Jehová y volviéndose a los ídolos de las naciones que les rodean, por lo que Dios nuevamente les abandona.

Y vuelta a empezar. Los israelitas entran en bucle y repiten este mismo patrón vez tras vez:

Vulnerabilidad-Tolerancia-Opresión-Clamor-Héroe-Abandono

Ninguno de estos héroes ejerció un liderazgo espiritual responsable ni traspasó la antorcha a los que venían detrás. Simplemente brillaron durante su época y se apagaron al morir, y con su muerte se terminó el avivamiento. Uno de ellos, Gedeón, tras guiar a Israel a una gran victoria contra los madianitas, se negó expresamente a responsabilizarse de cualquier gobierno posterior sobre el pueblo, ni a transferir el liderazgo. El pueblo mismo se lo pidió, pero él rechazó el ofrecimiento. Y el resultado fue terrible. Encontramos este lamentable momento narrado en Jueces 8.22–27:

> Y los israelitas dijeron a Gedeón: Sé nuestro señor, tú, y tu hijo, y tu nieto; pues que nos has librado de mano de Madián. Mas Gedeón respondió: No seré señor sobre vosotros, ni mi hijo os señoreará: Jehová señoreará sobre vosotros. Y les dijo Gedeón: Quiero haceros una petición; que cada uno me dé los zarcillos de su botín (pues traían zarcillos de oro, porque eran ismaelitas). Ellos respondieron: De buena gana te los daremos. Y tendiendo un manto, echó allí cada uno los zarcillos de su botín. Y fue el peso de los zarcillos de oro que él pidió, mil setecientos siclos de oro, sin las planchas y joyeles y vestidos de púrpura que traían los reyes de Madián, y sin los collares que traían sus camellos al cuello. Y Gedeón hizo de ellos un efod, el cual hizo guardar en su ciudad de Ofra; y todo Israel se prostituyó tras de ese efod en aquel lugar; y fue tropezadero a Gedeón y a su casa.

Esta actitud de Gedeón, que en principio suena humilde y hasta muy espiritual, cuando dice: «No seré señor sobre vosotros, ni mi hijo os señoreará: Jehová señoreará sobre vosotros», es en realidad una falta de responsabilidad y una negativa a adquirir un compromiso de liderazgo serio y permanente sobre el pueblo de Dios. Gedeón se conformó con una victoria sonada, un episodio aislado que dejaría su nombre escrito en los anales de la historia de Israel, lo demás no le importó mucho. Él ya había vencido «su batalla», ya había vivido «su milagro», ya había tenido «su experiencia»... ¿Para qué más? Ahora tocaba vivir. Pidió que le trajeran el oro del botín y fabricó un objeto de gran valor, un efod, una especie de amuleto o recordatorio con apariencia espiritual, pero que en definitiva solo sirvió de tropezadero para el mismo Gedeón y su propia casa, y para que todo Israel se prostituyera tras él y volviera a abandonar a Jehová.

¿Gran batalla? Sí. ¿Gran milagro? Sí. ¿Gedeón, un gran hombre de Dios? Sí. Pero tras su muerte no quedó nada, solo el recuerdo de una época gloriosa y el deseo de que alguna vez regresara. Por no ocuparse de asegurar una continuidad en el liderazgo del pueblo, todo Israel volvió a caer en la rueda característica del tiempo de los jueces:

Vulnerabilidad-Tolerancia-Opresión-Clamor-Héroe-Abandono

Pero la época de los jueces no representa el plan de Dios para su pueblo. En realidad fue una etapa desafortunada, por más milagros maravillosos que vivieran por mano de Gedeón, Sansón, etc. Es lamentable que muchos adopten este estilo como patrón deseable para sus vidas y ministerios, sí con presencia de Dios en momentos, sí con milagros puntuales, con mucha adrenalina y protagonismo, pero sin un propósito claro ni una visión clara del aspecto generacional que tiene la obra de Dios a través del tiempo.

Ejercer un liderazgo espiritual responsable es entregar un testigo claro a la próxima generación, estableciendo una continuidad de los principios aprendidos y concediendo a los que vienen detrás la maravillosa oportunidad de seguir edificando sobre ello. No hacerlo es perpetuar un estilo de vida emocional, de avivamientos puntuales, a empujones, dependiendo de que Dios, en su misericordia, levante de vez en cuando a un hombre excepcional, y de nuevo a comenzar de cero... y esa no es la idea.

Capítulo 18

LO GRANDE CONTRA LO PEQUEÑO

Cuando yo era niño, había una hermana en la iglesia que de vez en cuando compartía alguna poesía. Nunca olvidaré una en concreto que hablaba de algunos ejemplos bíblicos en los que Dios muestra aprecio y cercanía hacia los más pequeños. El poema repetía constantemente un verso que se me quedó grabado, y que decía: «¿Qué tendrá lo pequeño, Señor, que tanto te agrada?».[1]

En España pensamos lo contrario: «Burro grande, ande o no ande...» queriendo decir que si uno va a comprar algo, o emprender algo, o decidirse por alguna opción, debe inclinarse siempre hacia lo grande antes que hacia lo pequeño. Después ya veremos si el burro anda o no anda, pero en principio queremos el más grande. Así nos va luego...

Desde luego que tenemos un Dios grandísimo, inconmensurable, que no puede ser contenido por nada ni por nadie. Él es el Creador del universo, ni más ni menos. Sin embargo muestra siempre una gran predilección por lo pequeño. Siendo Él el más grande, resulta que «lo necio del mundo escogió Dios, para avergonzar a los sabios; y lo débil del mundo escogió Dios, para avergonzar a lo fuerte; y lo vil del mundo y lo menospreciado escogió Dios, y lo que no es, para deshacer lo que es, a fin de que nadie se jacte en su presencia» (1 Corintios 1.27–29). Nosotros solemos mirar, escoger y valorar aquello que nos resulta grande y majestuoso en apariencia, sin embargo Dios mira en el interior del corazón. Y parece ser que habitualmente la aptitud interior que Dios busca y descubre en el corazón, suele ir asociada a una insignificancia en lo exterior. Casi siempre lo que a Dios le agrada viene en un envoltorio poco llamativo para el ojo humano. Eso fue exactamente lo que le pasó a Samuel cuando buscaba al perfecto candidato para el trono de Israel. Su humanidad le jugó una mala pasada y si por él hubiera sido, habría ungido por rey de Israel al hombre equivocado, dejándose llevar por las apariencias. Pero Dios le dijo: «No mires a su parecer, ni a lo grande de su estatura, porque yo lo desecho; porque Jehová no mira lo que mira el hombre; pues el hombre mira lo que está delante de sus ojos, pero Jehová mira el corazón» (1 Samuel 16.7).

Esa misma lucha la observamos en los propios discípulos que parecían competir por un lugar prominente en el reino de los cielos. Discutían a menudo entre ellos sobre quién era el mayor. Un día, para zanjar la disputa, el Señor tomó a un niño y lo colocó en medio de ellos como ejemplo, invitándoles a olvidar sus delirios de grandeza. En otra ocasión la madre de Jacobo y Juan trató de persuadir a Jesús para que en el reino venidero sentara a sus dos hijos, el uno a la derecha y el otro a la izquierda del Maestro, más cerca del Señor que el resto (Mateo 20.20–28). Y Jesús le respondió: «No sabéis lo que pedís». La mujer no tenía idea de lo que estaba pidiendo. Evidentemente fue traicionada por su propio deseo de adquirir una posición privilegiada para sus hijos y para ella misma. Pero el sentimiento no era solo suyo, porque cuando los otros diez discípulos lo supieron se enojaron mucho con Jacobo y Juan. Ellos también ambicionaban lo mismo y no estaban dispuestos a ceder ese privilegio. Querían el lugar más alto para ellos mismos. Tanto fue así que Jesús aprovechó la ocasión para enseñarles uno de los principios más básicos del reino. Es importantísimo darse cuenta de que aquí el Maestro no hablaba de una forma de hacer las cosas, sino de un auténtico principio del reino, un fundamento inamovible por los siglos de los siglos, un rasgo característico de autoridad espiritual. Y lo que dijo fue lo siguiente:

> Sabéis que los gobernantes de las naciones se enseñorean de ellas, y los que son grandes ejercen sobre ellas

> potestad. Mas entre vosotros no será así, sino que el que quiera hacerse grande entre vosotros será vuestro servidor, y el que quiera ser el primero entre vosotros será vuestro siervo; como el Hijo del Hombre no vino para ser servido, sino para servir, y para dar su vida en rescate por muchos (Mateo 20.25-28).

Aquí Jesús describió una de las diferencias más notorias entre su reino espiritual y cualquier otro reino terrenal. Y no creo que se pueda decir más claro: «entre vosotros no será así».

Siendo este un principio fundamental del reino, ¿cómo es que seguimos tendiendo a todo lo humanamente grandioso? ¿Cómo es que seguimos dándole más crédito y más atención a todo lo que es suntuoso, famoso, numeroso, aclamado por los hombres, encumbrado por esta sociedad,... en lugar de apreciar aquello que es pequeño?

¿A qué me refiero? Me refiero a algunas fiebres que nos entran de vez en cuando, así las llamo yo... por ejemplo, la fiebre del «iglecrecimiento».

El crecimiento siempre es (o debería ser) algo natural, ya sea que hablemos de lo físico o de lo espiritual. No es más que el aumento gradual de tamaño de un organismo vivo, como resultado normal de una alimentación sana y una vida equilibrada. En otras palabras, cuando un organismo vivo lleva una vida sana, lo más lógico es que crezca naturalmente dentro de sus límites y de sus parámetros genéticos. Si el crecimiento se fuerza o se manipula con agentes externos, el resultado es artificial y no natural ni sano. Precisamente hoy en día sabemos mucho de alimentos infectados (tanto del reino animal como del vegetal) por haber sido manipulados genéticamente para forzar su crecimiento. Y hay algunos puntos que me parece necesario resaltar:

1. Un organismo sano no se esfuerza por crecer. Simplemente crece. No necesita seminarios ni técnicas para crecer. Simplemente crece. No echa mano de estrategias rebuscadas, solo crece. Lo único que necesita es vivir de una manera sana y ejercitarse de forma adecuada con una nutrición equilibrada. En términos espirituales, es decir, aplicando esto al crecimiento de las iglesias, a mí me choca mucho la proliferación de técnicas y estrategias de crecimiento por encima de la predicación de la Palabra (siendo que la Palabra es el alimento equilibrado que más necesita el cuerpo). Me choca que hablemos más de «iglecrecimiento» (término raro y forzado donde los haya) que del propio evangelio. Incluso hay «vendedores» de ciertos modelos de «iglecrecimiento» que proclaman que uno debe «convertirse a la visión» (refiriéndose a su particular estrategia de trabajo). Sinceramente, o ese día no fui a clase, o me perdí algo, porque hasta el momento, que yo sepa, las personas se deberían convertir al evangelio de Jesucristo, y no a una visión de alguien ni a una estrategia. Pero en algunos sectores parece ser más importante la visión y la estrategia, que la propia persona de Cristo y el evangelio. Solo importa el crecimiento numérico, a cualquier precio.

2. Un crecimiento sano y equilibrado no ocurre de la noche a la mañana. Esto es importantísimo. Los métodos modernos de «iglecrecimiento» siempre apuntan hacia un desarrollo rápido, cuanto más rápido tanto mejor. Su meta suele ser la consecución de un crecimiento veloz. Pero el propio Jesús en la Parábola del Sembrador habló de lo dudoso y problemático que resulta un crecimiento rápido. Literalmente: «Otra parte cayó en pedregales, donde no tenía mucha tierra; y brotó pronto, porque no tenía profundidad de tierra. Pero salido el sol, se quemó; y porque no tenía raíz, se secó» (Marcos 4.5–6). Es decir que ese crecimiento visible y sorprendente en tiempo récord no solamente no es normal, sino que además es sospechoso de falsedad. Es una señal de poca profundidad en el fondo, porque ni siquiera ha tenido tiempo ni lugar para crecer hacia abajo, no hay raíces, y aunque brota pronto, se

quema enseguida y muere. No aguanta. Tiene una base poco saludable, muy emocional pero poco resistente. Aun así, encontramos constantemente personas que presumen de tener la «iglesia con el crecimiento más rápido» de la región. Personalmente, creo que es mucho más importante cuidar que el crecimiento sea sano y sostenible, que andar preocupado por la velocidad del mismo. De hecho, mi experiencia personal me invita a desconfiar de todo lo que crece rápidamente, y a apostar mucho más por un trabajo de fondo, de cantera, de gran calado, ya que en definitiva «uno es el que siembra, y otro es el que siega» (Juan 4.37), y Pablo añade: «Yo planté, Apolos regó; pero el crecimiento lo ha dado Dios» (1 Corintios 3.6).

3. En tercer lugar, hay un elemento que no podemos ignorar nunca cuando hablamos de crecimiento: la genética. Es un principio natural y espiritual establecido ya desde el principio de los tiempos en Génesis, donde se nos dice que cada planta, cada animal, cada ser vivo en definitiva reproduciría y se multiplicaría «según su especie». Semilla de tomate no produce lechuga ni viceversa. Pero además, resulta que hay ciertos rasgos genéticos que también se transmiten de padres a hijos y que proveen a cada individuo sus peculiaridades personales. Así hay personas más altas o más bajas, más morenas o más rubias, etc. Pero a nadie se le ocurriría decir que cierto individuo es menos persona que otro, por tener menos estatura. Ni siquiera diríamos que le faltó ejercicio o nutrición, o que debería asistir a un seminario de crecimiento. Aparte del bien que el ejercicio físico y una vida sana pueden aportar a cualquiera, todos comprendemos perfectamente que la estatura de una persona responde a la particularidad que tiene como individuo y no por ser más alto o más bajo significa que hizo algo mejor o peor. Sin embargo, al hablar de iglesias o ministerios, la sensación que uno recibe es que el tamaño de la iglesia local está en proporción directa a la calidad del trabajo realizado por el pastor, cosa que realmente no siempre es así. Del mismo modo que en el ámbito de lo natural, cada cuerpo desarrolla sus propias características conforme a su

genética y tal como dijo Jesús en Mateo 6.27: «¿quién de vosotros podrá, por mucho que se afane, añadir a su estatura un codo?», así también cuando hablamos de la vida espiritual, Dios nos ha diseñado conforme a su voluntad y conforme al propósito que Él tiene con nuestras vidas para el lugar y momento específicos en los que nos permite vivir. Un Daniel no tiene nada que ver con un David, y un Moisés no se parece en casi nada a un Jeremías, ni un Pablo a un Santiago... todos ellos sirven a Dios en contextos, propósitos y momentos históricos diferentes y son, por lo tanto, muy distintos en talla espiritual, en enfoque y en estrategia. Y aunque todos ellos son siervos de Dios extraordinarios que podrían compartir y aportarse mucho mutuamente si tuvieran la ocasión, sería sin embargo un grave error pretender que fueran iguales. Y lo mismo sucede con las congregaciones, cuerpos locales distintos en tamaño, forma y misión estratégica. Todos podemos aprender mucho los unos de los otros, pero no somos ni seremos jamás clones. Y tratar de producir clones, forzando las cosas con aditivos humanos para desarrollar aquí lo que funcionó allí, es un error serio. En definitiva, estamos hablando de crecimiento, el resultado normal de un proceso sano, lo cual siempre debería ser natural.

Es inevitable aquí recordar la parábola de los talentos, en la que un hombre reparte bienes a sus siervos de forma desigual, conforme a la capacidad de cada uno. Cinco talentos, dos y uno. La enseñanza de esta parábola consiste en comprender que la cantidad recibida en un principio es irrelevante. Lo único verdaderamente importante al final es lo que cada cual hace con aquello que se le entregó, ya sea un talento, dos o cinco. Cada siervo tiene la responsabilidad de producir la riqueza proporcional a la cantidad inicial que se le dio y finalmente todos obtienen distintos resultados. Sin embargo, persiste entre nosotros esa torcida tendencia a comparar la cantidad de talentos recibidos. Y juntamente con la comparación viene el juicio errático, y con él el disparate y la ceguera porque establecemos categorías equivocadas, como si el más valioso fuese aquel a quien se le dio más. Comparamos iglesias por el número de sus miembros y el tamaño de sus edificios. Y confundidos por esta idea, envidiamos a ciertas personas por la magnitud de las obras que dirigen y comenzamos a aspirar a ciertos resultados para los cuales quizá no nos fueron dados los talentos indicados. Craso error.

Hace unas semanas tuve la oportunidad de visitar por segunda vez a un querido pastor y a su esposa en un precioso país de Latinoamérica. Al entrar en la iglesia me quedé gratamente sorprendido ya que no la recordaba así. A decir verdad, cuando le visité por primera vez, su iglesia era mucho más pequeña, más oscura y los asistentes mostraban una actitud muy diferente. Pero ahora era prácticamente una congregación distinta, con una pasión nueva y fresca en la adoración, y una cantidad de personas mucho mayor; incluso la sala, siendo la misma, ahora tenía más luz, sonaba mejor, en fin, un ambiente muy distinto. Tanto me sorprendió el cambio que pregunté directamente al pastor qué era lo que habían cambiado. Y para mi sorpresa, el pastor se encogió de hombros y dibujó en su rostro el típico gesto que expresa «No tengo la menor idea», y simplemente respondió: «Nada». Los dos nos reímos espontáneamente y después comenzó a relatarme parte de su historia. Me explicó que habían estado pastoreando aquella iglesia durante diecisiete años, pero que realmente empezaron a crecer durante los últimos tres. Y mientras me contaba diferentes episodios enfatizaba continuamente que en realidad no habían hecho nada diferente que no hubieran practicado en años anteriores. Me contó incluso cómo en el año 2004 su iglesia se había dividido lastimosamente, cuando el siervo de Dios con quien había compartido ministerio desde un principio comenzando aquella obra, decidió abandonar la nave llevándose no solo a la mayoría de los miembros sino también la mayor parte del mobiliario de la iglesia, incluyendo instrumentos musicales y equipo de sonido, entre otras cosas. Quedaron entonces con un grupo reducidísimo de personas. Salían a predicar a la calle y celebraban campañas evangelísticas veraniegas, y llegaron a vivir en uno de aquellos veranos hasta quinientas conversiones en la calle... de las cuales ni siquiera una sola persona apareció jamás por la iglesia ni se animó nunca a ser parte de su congregación. Pero al tiempo, siendo fieles en lo poco y sirviendo con constancia e integridad, llegó el tiempo de Dios, y con él la recompensa.

Desde luego, yo no digo que no debamos cambiar algunas formas de hacer las cosas, todo lo contrario, parte de la motivación de este libro tiene que ver precisamente con que necesitamos analizarnos constantemente y cambiar ciertas cosas si queremos ver resultados diferentes. Pero en este tema del crecimiento tengo serias dudas acerca de las metodologías que se exportan e importan de un lugar a otro como novedades imprescindibles para el desarrollo de la iglesia, simplemente porque han funcionado en un contexto determinado. Porque el crecimiento es algo natural e individual de cada organismo y depende en gran medida de los factores concretos de cada caso.

Yo tengo tres hijos y los amo con todo mi corazón. Creo sinceramente que no miento cuando digo que quiero a los tres por igual, pero tengo que reconocer que no trato igual a los tres. Y no me disculpo por ello porque no puedo tratarles de la misma manera cuando son personas distintas y reaccionan de manera diferente a los estímulos. Parte de mi habilidad y pericia como padre pasa precisamente por ser capaz de discernir la personalidad de cada uno y comprender cómo trabajar con cada uno de ellos para conseguir los resultados que persigo. Cada cual necesita un trato diferente porque son diferentes, tienen necesidades diferentes, diseños diferentes, y finalmente terminarán creciendo y desarrollándose en direcciones diferentes, cada uno conforme al propósito de Dios con él. Además tienen estaturas dispares y la constitución de sus cuerpos es asombrosamente diferente, y nada de ello les hace más ni menos hijos míos. Nada de eso les hace mejores o peores, solo distintos.

Y sería un grave error por mi parte si yo tratara de conseguir que fueran iguales. Sus diferencias les hacen únicos e insustituibles. No me imagino la vida sin alguno de ellos...

Para resumirlo en pocas palabras: no nos dejemos cegar por los números de otros y trabajemos fielmente con lo que Dios nos dio. Preocupémonos de arar con los bueyes que tenemos en nuestras manos. No nos dejemos seducir por la grandiosidad de algunas iglesias maravillosas que han tenido un desarrollo impresionante debido a circunstancias concretas que les fueron regaladas por Dios en su infinita sabiduría y misericordia (cultura, economía, contexto social, talentos, medios, conexiones, momento político, etc.). No persigamos a ultranza un modelo que nos pareció atractivo en un momento, apostando todo a una metodología e hipotecándonos en aventuras a las que el Señor ni siquiera nos llamó. No confundamos nuestro llamamiento.

Yo propongo otra cosa: enamorémonos simplemente del Señor Jesucristo y de su Palabra. Dejémonos seducir por su persona, confiemos en que Él es el Señor de la obra y profundicemos más en nuestra relación con el Espíritu Santo. Trabajemos desde la frescura de su presencia. Busquemos más la práctica genuina y contextualizada del evangelio de Jesucristo allí donde el Señor nos puso, y menos la comodidad de reproducir imitaciones importadas o aprendidas. Seremos más auténticos y más efectivos. Estaremos más despiertos y menos frustrados. Tendremos una percepción mucho más real de la situación y veremos auténticos milagros de Dios en nuestro día a día. En serio, sin desdeñar las ayudas y el apoyo inestimable que podemos recibir de otros que van delante nuestro (así como la ayuda que podemos brindar a otros que nos siguen), creo sinceramente que cada iglesia local es única y debe reflejar fielmente la vida sobrenatural de Cristo, de una manera singular, en el lugar exacto donde Dios la colocó y con manifestaciones relevantes para la cultura en que se encuentra. Creciendo sobre el terreno en que fue plantada y cumpliendo el Gran Mandamiento y la Gran Comisión de la forma en que el Espíritu Santo inspire a sus siervos en ese preciso contexto.

Hay un versículo maravilloso que expresa claramente la idea que Jesús tiene del crecimiento de su iglesia y de los suyos. Se encuentra en Marcos 4.26–28, donde plantea la siguiente parábola: «Así es el reino de Dios, como cuando un hombre echa semilla en la tierra; y duerme y se levanta, de noche y de día, y la semilla brota y crece sin que él sepa cómo. Porque de suyo lleva fruto la tierra, primero hierba, luego espiga, después grano lleno en la espiga». Es fundamental comprender la naturaleza de un crecimiento sano, que no tiene que ver con aditivos externos ni manipulaciones estudiadas para acelerar el desarrollo. Jesús habla simplemente de un hombre que echa semilla en la tierra. El crecimiento es milagroso y el hombre ni siquiera sabe bien cómo sucede. Ocurre «de suyo». Y ocurre siempre de una manera misteriosa para el ser humano, «sin que él sepa cómo», al igual que todo lo milagroso. El nuevo nacimiento es un milagro, el perdón es un milagro, la santificación es un milagro, el crecimiento espiritual es un milagro, la iglesia de Jesucristo es un milagro, y cuando la mano del hombre y las técnicas humanas adquieren un papel demasiado protagonista, el milagro deja de ser tan milagroso y se acerca más a un producto fabricado en la tierra.

En definitiva, yo creo que una iglesia sana crece. Pero crece conforme al propósito de Dios para esa iglesia local, en el lugar y el tiempo en que se encuentra, en función de las circunstancias que vive y de los talentos que Dios en su sabiduría le repartió. Establecer comparaciones en esta materia no es sabio. Creo que todos podemos aprender los unos de los otros, y que somos enriquecidos al intercambiar experiencias vividas en la obra. Oír y tomar nota de las cosas que Dios hace en otros lugares con otros hermanos nos ayuda a avanzar en la lucha contra el reino de las tinieblas. Cuando escucho a otros pastores sobre cómo Dios les ha guiado en esta o aquella circunstancia, o cómo han afrontado exitosamente ciertos momentos inevitables en el ministerio, aprendo, soy exhortado, me anima, me reconforta y me hace crecer. Por supuesto. Pero establecer un sistema concreto de «iglecrecimiento» y venderlo como la panacea, como si fuera el único modelo auténticamente bíblico, como si aquellos que no lo abrazan fuesen necios, solo porque trajo fruto en ciertos contextos, eso no se ajusta al modelo de desarrollo natural de la iglesia que Jesús tenía en la mente. Apostar todo el crecimiento de nuestra iglesia a un sistema importado de otro lugar donde la cosa funcionó, eso no tiene nada de sobrenatural. Se parece mucho más a un órdago humano, y al final siempre asoman por algún lado los típicos abusos, manipulaciones y corruptelas habituales que ya conocemos, y que traen más vituperio que otra cosa al bendito Nombre de Jesús.

Capítulo 19

LA META MÁS ALTA

Todo el mundo tiene aspiraciones. Es importante porque da sentido a lo que hacemos. La mayoría de las personas luchan por conseguir algo significativo, al menos para ellos. Un jugador de fútbol desea marcar el gol de la historia, un arquitecto quiere diseñar el edificio del siglo, y un científico sueña con encontrar la fórmula que logre cambiar el rumbo de la medicina o de alguna otra ciencia... ¿Cuál es mi aspiración más alta? ¿Qué es aquello que me haría verdaderamente feliz? ¿Te lo has preguntado?

Yo quiero ser exactamente lo que Jesús quiere que yo sea, ahora, aquí, en este momento y en este lugar. Creo que esa es mi meta más alta. Sinceramente, no me seduce ninguna otra idea o anhelo.

En lo personal, reconozco que me gustaría visitar algunos lugares que no conozco, como la Antártida, la sabana africana, me gustaría nadar con los delfines, cosas así...

En cuanto a personalidades destacadas, me encantaría haber tenido la oportunidad de estrechar la mano de C. S. Lewis, de Martin Luther King, o del increíble Sergei Rachmaninoff. Si nos vamos más lejos, el apóstol Pablo es mi favorito. Pagaría por escucharle en vivo, ya fuera en el Areópago griego, a los remos de una galera romana en alta mar, o sentado en el alféizar de una ventana aun a riesgo de caerme y partirme la crisma como Eutico (Hechos 20.9). Pero en fin, eso solo son fantasías. Regresando al mundo de lo posible, me encantaría por ejemplo ver a mis hijos totalmente realizados, encontrándole el verdadero sentido a la vida y siendo hombres de provecho para Dios. Pero son cosas que de algún modo ya se escapan de mi mano. Solo puedo llegar hasta cierto punto, después tendrán que ser ellos quienes decidan qué hacer con sus vidas. A mí ya solo me resta orar.

Sin embargo, en lo que tiene que ver conmigo, ¿cuál es mi sueño, mi máxima aspiración? Si verdaderamente es cierto que lo único que deseo es ser aquello que Jesús mismo quiere para mí, entonces lo debería tener bastante claro. Los cristianos en general deberíamos tener muy claras nuestras metas. Porque Jesús dijo en el Sermón del Monte (Mateo 5.13–16):

> Vosotros sois la sal de la tierra; pero si la sal se desvaneciere, ¿con qué será salada? No sirve más para nada, sino para ser echada fuera y hollada por los hombres. Vosotros sois la luz del mundo; una ciudad asentada sobre un monte no se puede esconder. Ni se enciende una luz y se pone debajo de un almud, sino sobre el candelero, y alumbra a todos los que están en casa. Así alumbre vuestra luz delante de los hombres, para que vean vuestras buenas obras, y glorifiquen a vuestro Padre que está en los cielos.

Así que si Jesús mismo expresó su idea acerca de los cristianos, y lo hizo utilizando dos imágenes muy concretas, nada más y nada menos que la luz y la sal, vale la pena que lo analicemos porque eso es exactamente lo que deberíamos ser o aspirar a ser. ¿Qué fue lo que quiso decir Jesús al pronunciar estas palabras? Porque no dijo que deberíamos esforzarnos para ser como la luz y como la sal, dijo que éramos luz del mundo y sal de la tierra. Por lo tanto podríamos compararnos con ellas y determinar así si somos o no somos lo que Jesús dijo... ¿Qué estaba diciendo realmente?

He escuchado muchas predicaciones acerca de este pasaje bíblico así que no voy a reproducir aquí todo lo que podríamos analizar en relación con las cualidades de la sal y de la luz. Lo que está fuera de toda duda es que ambas están muy presentes en este mundo, son elementos preciados, de una importancia incuestionable en la tierra y, además, no pueden pasar desapercibidos para nadie. Primera pregunta: si alguien hiciera un análisis objetivo de la influencia actual que ejercen los cristianos sobre la sociedad, ¿llegaría a una conclusión comparable a las influencias de la luz y de la sal sobre nuestro mundo? Puede que alguien responda con un sí, dependiendo de dónde viva y lo que haya experimentado en su entorno. Pero creo que la mayoría coincidiremos en que la respuesta es *no*. Y, por supuesto, la siguiente pregunta es ¿por qué?

Es posible que podamos explicarlo diciendo que este mundo no es capaz de apreciar la verdadera influencia de los cristianos porque juzga erróneamente. Ok. Pero más allá de las características formidables que poseen estos dos elementos con los que Jesús nos compara, yo simplemente quisiera hacer hincapié en la cuestión de la «presencia» y la «capacidad de influencia» que tienen. Tanto la luz como la sal son cosas absolutamente PRESENTES en todos los ámbitos de la vida y que AFECTAN indudablemente a todo aquello con lo que entran en contacto. Y lo hacen de la manera más natural y silenciosa. Es fantástico. Nadie invitó nunca a la luz ni a la sal a formar parte de sus vidas, simplemente están ahí. La sal está diluida en el mar, guste o no. Y si alguien entra en contacto con el océano notará su presencia. Jamás la luz pidió permiso para brillar ni se escondió de nadie, al contrario, si alguien la aborrece tendrá que esforzarse mucho para esconderse de ella, pero al más mínimo descuido, al salir se encontrará de frente con ella, siempre ahí, presente, siempre iluminando, absolutamente ineludible e imprescindible para la vida.

¿Puede decirse lo mismo de nosotros? ¿Proyectamos nosotros esa sensación sobre la sociedad? ¿Tenemos acaso siquiera esa imagen acerca de nosotros mismos? La gente busca de manera natural la luz y la sal, nadie tiene que convencer a otro de sus beneficios porque están tan cerca y tan dentro de la vida normal que son elementos básicos que hasta los niños reconocen.

Yo estoy convencido de que ese es el «sueño» de Jesús cuando piensa en su iglesia, su esposa, su cuerpo, su gente, los redimidos, esos a los que el mundo comenzó a llamar en Antioquía «cristianos». LUZ y SAL. Tan presentes en el mundo, tan entremezclados con la gente que sea imposible pasar desapercibidos, imposible no afectar a alguien, imposible no salar o no alumbrar, exactamente como lo hizo Jesús al mezclarse con los publicanos, pecadores, prostitutas y demás personajes marginados, ante los escandalizados ojos de los religiosos. Y siempre impregnándoles de su personalidad y de su naturaleza, nunca siendo Él impregnado por ellos. Del mismo modo que la sal se rocía sobre los alimentos y los afecta, nunca al contrario; o tal como la luz elimina la oscuridad y nunca al revés. Con razón oró como lo hizo en Juan 17.15 pidiéndole al Padre por ellos: «No ruego que los quites del mundo sino que los guardes del mal» porque sabía que la clave del éxito de aquella iglesia naciente era precisamente que estuviera en el mundo, dentro del mundo, presente e influenciándolo, aunque sin pertenecer al mundo.

Por eso yo, en Salem, nuestra iglesia local, cuestiono constantemente nuestros métodos evangelísticos y nuestras formas de «hacer iglesia», en pocas palabras, no podemos hacer nada como iglesia que no resista el análisis de la luz y de la sal. No conozco personalmente a Rick Warren, pero estoy totalmente de acuerdo con esa filosofía de ministerio que comparte este hombre de Dios, que está orientada hacia el cumplimiento del Gran Mandamiento y la Gran Comisión. Los cinco propósitos que el pastor Rick Warren presenta en sus series de *Una vida con propósito*, son a mi modo de ver una manera muy sencilla, equilibrada y práctica de presentar estas dos grandes declaraciones de Jesucristo. Una iglesia local que se centre en el cumplimiento de la Gran Comisión y el Gran Mandamiento, no solo tendrá propósito y sentido en su labor, sino que además será luz y sal allí donde esté.

Por eso en nuestra iglesia me gusta analizar cualquier proyecto desde esta perspectiva. Básicamente, la pregunta es: ¿estamos sazonando a la sociedad con esto? ¿Estamos brillando? Porque si el proyecto que tenemos entre manos puede ser comparado con la sal y/o con la luz, entonces creo que estamos sobre la pista, pero de lo contrario, ¿por qué habríamos de hacerlo? ¿Qué perseguimos con ello? ¿Cuál es nuestra meta? ¿Cuál es nuestro motivo de ser? ¿Cuál es nuestra aspiración más alta?

La iglesia de Jesucristo está aquí para cumplir la Gran Comisión y el Gran Mandamiento, y todo lo que hagamos en esta tierra tiene que estar motivado por el intento de cumplir estos propósitos de Dios. Así que si nuestras metas personales o congregacionales se definen por conceptos como «ser la iglesia más grande», «tener el edificio más elegante», «tener el mejor sonido», «ser los mejores músicos», «desarrollar el mejor programa», «celebrar el mayor congreso», «llenar el mayor estadio» y semejantes... yo vuelvo a preguntarme cuál es nuestra mayor aspiración. Porque estas cosas suenan más a competición evangélica que a la Gran Comisión. No parecen metas muy diferentes a las de cualquier otro mortal, tales como marcar el mejor gol, ser el más listo de la clase o tener el cuerpo más bonito. Si no recuerdo mal, se trataba de ser sal y luz, lo cual tiene que ver con la influencia sobre los no alcanzados y nuestra presencia en la tierra, traducida en una capacidad sobrenatural de afectar sin ser afectados.

Estas y no otras deberían ser siempre nuestras metas más altas.

Capítulo 20

ACERCA DE LA LUZ Y LA SAL

Es curioso que Jesús no se limitara a decir que somos luz y sal, sino añadiera un par de advertencias al respecto. Parece que ya intuyó nuestra facilidad para malentender. Concretamente dos cosas:

1. En cuanto a la luz, dijo que nadie enciende una lámpara para meterla debajo de un almohadón... para eso mejor no encenderla. Si se prende una luz, lógicamente, es para que alumbre, por lo tanto lo que uno hace con una lámpara encendida es iluminar el entorno para que todos puedan ver. No para que vean la lámpara sino para que vean todo lo de alrededor, la realidad, aquello sobre lo que la lámpara arroja luz. Del mismo modo que una ciudad que se ha construido sobre un monte no puede ocultarse, al contrario, permanece a la vista de todos, se convierte en un lugar de refugio al que cualquiera puede acudir porque siempre es visible. En otras palabras, la luz no tiene ningún sentido de ser si no se prende, y si se prende no es para esconderse sino para iluminar, no tiene más función.
2. Y en cuanto a la sal, Jesús fue aun más drástico, porque aunque no enumeró todas sus cualidades, sí dijo claramente que la sal existe para salar, pero que si pierde su sabor, si su presencia ya no afecta ni provoca cambios, no sirve para nada excepto para ser pisoteada por los hombres, tal y como ya comentábamos en un capítulo anterior.

Pues bien, parece que en muchas facetas nos ha pasado exactamente lo que el Maestro calificó como contrario al propósito original. Porque, por un lado, en lugar de brillar en el mundo y estar presentes, parece como si nos hubiera entrado el ansia de brillar «dentro» de la iglesia. Para muchos jóvenes el concepto de «servir al Señor» significa prácticamente llegar a ser una estrella en el campo cristiano de la música o de las artes. Para muchos ministros y para muchas iglesias, la razón de ser parece estar más orientada hacia metas de tipo económico, hacia la consecución de cierto número de miembros, o incluso cierto número de iglesias bajo su «cobertura». Se abren canales de televisión con programación cristiana, pensada y producida por cristianos para ser también consumida por cristianos, (porque normalmente un no creyente difícilmente se sentaría a ver uno de estos programas, al menos en mi país). Igualmente con la radio. Salvo raras excepciones, las emisoras o programas de radio cristianos existen por y para los propios cristianos, y por cierto, cada vez prolifera más la consejería cristiana personalizada por radio, casi siempre de pastores radiofónicos a ovejas ajenas que cuentan su historia a su manera para recibir la respuesta que desean escuchar, y que no reciben de su pastor o de sus líderes en la vida real, que son quienes de verdad las conocen. Pero rara vez estas personas que llaman a una emisora son verdaderamente confrontadas con su realidad, más bien reciben siempre palabras de ánimo y promesas de bendición, y por supuesto se «abonan» al programa. Pero es improbable que algún inconverso sintonice la emisora y si lo hace, probablemente huya hacia otro dial, sobre todo porque no entiende nada del lenguaje que escucha y se siente confundido. ¿Pero cuál es nuestra meta? ¿Es realmente el cumplimiento de la Gran Comisión, o estamos haciendo a veces otro tipo de cosas? ¿Qué motivación nos impulsa en el fondo?

Yo me pregunto: ¿es esto brillar por Cristo o es más bien todo lo contrario? ¿Estamos de verdad iluminando al mundo no creyente o estamos dirigiendo nuestra luz hacia el interior, tratando de brillar en casa y compitiendo los unos con los otros por establecer quién tiene la lámpara más potente? ¿Estamos poniendo la luz en lo más alto, como la ciudad sobre el monte que es divisada por todos, o la estamos escondiendo debajo de la almohada y confundiendo a los de afuera? Resulta sencillo responder: «Al menos estamos haciendo algo, alguien escuchará, a alguien alcanzaremos»... pues no lo sé. Desde luego que el poder y la misericordia de Dios son muy grandes y Él puede hacer hablar a una mula, o abrir los oídos de un hombre para que la entienda. Pero como método habitual para cumplir la Gran Comisión es un sinsentido. Sinceramente hay cosas que a mí me parecen como lanzarse a predicar el fin del mundo en una cuidad de China, sin tener la menor idea del idioma y, lo que es peor, sin tener el menor interés en aprenderlo... Pudiera ser que alguien oyese el mensaje, del verbo oír, pero el verbo entender... ¿No se quedarían aturdidos los chinos en el mejor de los casos, tratando inútilmente de descifrar lo que estamos diciendo? ¿No sería mucho más efectivo compartir ese mensaje en chino, en lugar de esperar que Dios les haga entender milagrosamente el español y justificarnos diciendo que «al menos estamos haciendo algo»? ¿Qué es lo que nos mueve?

Y en cuanto a la sal, aquello de afectar al mundo, es preocupante observar quién afecta a quién hoy en día. Porque en la antigüedad el cristianismo afectó a todos los estamentos de la sociedad. La mayoría de las pinturas clásicas obtienen su inspiración de algún personaje bíblico o de alguna escena de las Sagradas Escrituras. Los antiguos discursos populares y las manifestaciones artísticas estaban totalmente impregnadas de cristianismo y eran parte de la expresión cotidiana normal. Cierto que mucho de aquello tomó una dirección equivocada, pero hoy son obras de arte del pasado y están recluidas en museos para los turistas y para aquellos que se interesen lo suficiente como para pagar dinero por contemplarlas. Es lamentable ver cómo nuestra Europa ha excluido de sus expresiones públicas actuales cualquier huella cristiana, renegando ahora de sus raíces, incluso queriendo evitar en su Constitución cualquier mención al cristianismo como origen de nuestra cultura, olvidando que le debe la existencia. Pero seguramente debido a las barbaridades que se cometieron en el nombre de Dios desde una iglesia perseguidora, hoy tenemos una sociedad moderna que huye de cualquier vestigio cristiano y corre desenfrenadamente en dirección contraria al Dios de la Biblia.

Y en medio de la oscuridad está la iglesia, más sobreviviendo que afectando. Más tratando de no ser influidos por la sociedad que influyendo en ella. No sazonando al mundo, sino intentando por todos los medios que el mundo no logre sazonarnos a nosotros. En efecto, parece que la preocupación de muchos pastores viene a ser que la filosofía del mundo no afecte a la iglesia. Porque la presión es tal que nos sentimos agobiados por una sociedad que marcha a un ritmo trepidante y consigue atraer y afectar a nuestros jóvenes más de lo que quisiéramos. Y en ese contexto, muchas de las cosas que hacemos como iglesia están destinadas más a conservar lo que tenemos para que sobreviva, que a conquistar el mundo y transformarlo.

De algún modo me consuela porque ciertamente, una de las funciones de la sal es conservar el estado puro de las cosas evitando que se corrompan. Así que algo al menos sí que estamos haciendo bien al concentrarnos en resistir la corriente de podredumbre que nos llega desde el exterior y mantenernos limpios en medio de una sociedad entregada a una vida lejos de Dios. Pero son funciones distintas y no me conformo con ser únicamente un conservero. Confieso que me encantaría ver a la iglesia también en la faceta de sazonar al mundo, haciéndolo de una manera sabia, sin desperdiciar las energías en esfuerzos estériles. Que no nos suceda que nos resignemos a una labor de puro mantenimiento de lo que ya tenemos, y que en ese esfuerzo se nos vaya toda la vida olvidando que hay ovejas que no son de este redil y necesitan aún ser alcanzadas.

Y sobre todo, incidiendo en el tema de los principios y las formas, que no suceda que nuestra manera de hacer las cosas sea tan «evangélica», tan diseñada para «dentro» que los inconversos ni siquiera puedan entrar porque nuestras manías espiritualoides o nuestro lenguaje cristianés se lo impidan. Que no nos pase como a los discípulos, que prohibieron a los niños el acercamiento a Jesús, cuando en realidad deseaban entrar en contacto con él. Con razón el Maestro se indignó y les reprendió duramente indicándoles que no debían poner impedimentos a los que se acercaban a Él. No digo yo que rebajemos el evangelio pero sí aquella formas nuestras que detienen a otros de acercarse a Jesús. Si alguien no quiere seguir al Maestro, que lo haga por decisión propia y consciente, porque habiendo entendido el mensaje del evangelio realmente no le interesa abandonar su estilo de vida pecaminosa y rendirse ante Él. Pero que no se vean impedidos de conocer y abrazar a Jesucristo por mis rarezas personales. Por mi forma de hacer las cosas. Porque mi sal ya solo sirve para conservar lo que tenemos, pero ya no sazona ni despierta más la sed de aquellos que están fuera. Al contrario, les repele tanto que ni siquiera lo intentan, quedándose tan lejos de nosotros como lo estamos nosotros de ellos.

Capítulo 21

EVANGELISMO

No hace mucho escuché de un joven que estudia ciencias políticas en una universidad de Madrid, y que a la hora de escribir su tesis doctoral escogió un tema muy curioso: la diferencia entre el discurso político en España y Latinoamérica.

Preguntado por la razón o el contenido de la idea, el muchacho explicaba que los políticos en España normalmente se limitan a hablar y a exponer sus argumentos pero rara vez hablan de manera exaltada. Hacerlo se consideraría casi un desprestigio y una pérdida de papeles. Sin embargo en Latinoamérica, un líder político que no grite y enardezca al pueblo con su pasión, expresada enérgicamente a través de sus gestos y tono de voz, prácticamente no tiene futuro como político. De ahí la diferencia entre los discursos de políticos españoles (y europeos en su mayoría), y los de políticos iberoamericanos. Por eso muchos discursos de líderes latinoamericanos en España suenan subidos de tono, y los discursos de políticos españoles en Latinoamérica suenan sosos y demasiado planos, sin pasión.

Me llamó mucho la atención y tuve que pensar enseguida en la realidad de las iglesias, nuestras queridas iglesias. Porque yo que he viajado bastante y me muevo un poco a caballo entre las dos culturas también he notado estas diferencias, es decir, lo noté desde el principio pero no sabía exactamente a qué obedecía. En un primer momento me impresionó y llegué a pensar que era una cuestión netamente espiritual, que de algún modo en Latinoamérica existe más pasión por Dios. Pero con el tiempo aprendí que se trata de una cuestión cultural. A fuerza de ir y venir, y observar, deducir y constatar, he llegado a la conclusión de que la mayoría de las diferencias que existen de un lugar a otro, en lo que se refiere a expresión verbal, puesta en escena, elementos visibles, audibles etc. (que apelan a los sentidos humanos), forman parte de lo cultural. O sea que para ponerlo en el contexto adecuado al que se refiere este libro, diríamos que pertenecen al grupo de las formas, no de los principios.

Esto que parece muy simple, para mí fue todo un descubrimiento que me llevó tiempo, no días ni semanas, sino años. Porque durante los primeros años el impacto de lo nuevo y desconocido para mí, me golpeó tanto que llegué a estar plenamente convencido de que estas diferencias tenían que ver con lo que llamamos «avivamiento espiritual». Y esto forma parte de aquellos errores que expuse al principio. Porque al pensar que lo que yo percibía era verdaderamente el avivamiento tan deseado, intentaba reproducirlo en mi país también, en mi ciudad, en mi iglesia. De hecho, visité diferentes lugares en los que se hablaba de que Dios había derramado un avivamiento, o un despertar, o un «fluir», y traté de traerme en la mochila lo que estaba sucediendo allí, lo que yo sentía que ocurría en aquellos lugares, para descubrir al final que ninguna de esas fórmulas eran infalibles, al contrario, me producían más fracaso que gloria, porque estaba confundiendo formas con principios. Estaba elevando lo cultural a una categoría espiritual, tratando de reproducirlo en un contexto en el que no encajaba, y a la larga terminaba frustrado porque la respuesta que recibía no era la que esperaba, sin entender que solo me había llevado a casa formas. Estas cosas queman mucho y drenan las fuerzas y la ilusión. A veces, en los peores casos, incluso la fe.

Una de las áreas más afectadas por esto es el evangelismo. Jesús habló de pescadores de hombres y, desde luego, siguiendo con el fantástico símil del Maestro, es cierto que evangelizar tiene mucho que ver con pescar. Y todo el mundo sabe que existen diferentes tipos de pesca. He estado repasando alguna información que tengo al respecto y resulta que dependiendo de la distancia de la costa, la pesca puede ser de bajura, de altura o de gran altura. Cuanto mayor es la distancia de la tierra firme, tanto mayor es el tonelaje del barco pesquero, el número de la tripulación y el tiempo que pasan en alta mar antes de regresar y desembarcar las capturas en el puerto. Es decir que no tiene nada que ver un barco que se utiliza para cierto tipo de pesca, con otro que se usa para otras especies. Tienen equipamiento distinto, difieren en tamaño, autonomía, instrumental y, lo más importante, en el tipo de pescado que traerán a tierra.

Y si hablamos de los métodos de pesca podemos decir otro tanto. Hay técnicas tradicionales como el palangre, que es básicamente un cordel con un anzuelo, o la almadraba que es una red fija que atrapa a los peces; hay redes que se sujetan entre dos barcos y atrapan especies de superficie, y hay otras que son de fondo y que pueden superar los tres kilómetros y arrastran todo lo que encuentran a su paso en las profundidades. Existe incluso una modalidad que se denomina pesca fluvial y que tiene que ver con ríos y lagos; y por supuesto existen las cañas de pescar que a veces ni siquiera necesitan un barco... todo ello para conseguir un mismo fin: capturar peces. Pero es evidente que aunque el principio (pescar) sea común, las formas (diferentes técnicas de pesca) varían según la ocasión. Si en todos los casos se utilizara siempre la misma forma no se conseguiría nunca el principio que se persigue: pescar. Pero esta misma idea que resulta tan clara respecto a la pesca, parece difícil de asimilar para algunos cuando hablamos de la predicación del evangelio. Y sin embargo el paralelismo no podría ser más exacto.

Durante años he estado apoyando a una conocida organización evangelística internacional. En una de las ocasiones, mientras almorzábamos juntos durante una campaña multitudinaria de gran repercusión y buenísimos resultados, una persona del equipo organizador me lanzó con entusiasmo la pregunta: «Bueno, Marcos, ¿y cuándo organizamos una campaña así en España?». Sinceramente, fue un momento duro para mí porque yo deseaba decir una cosa, pero sentía otra. Deseaba poder responder: «Mañana por la mañana a primera hora». Pero en el fondo de mi corazón sentía otra cosa muy distinta que era más o menos: «Sinceramente, no creo que esto pudiera funcionar en España». Por un lado no quería desilusionar a mi interlocutor, ni sonar negativo o desalentador en medio de la campaña evangelística tan bendecida que estábamos disfrutando, pero por el otro lado me daba cuenta de que la diferencia de contexto con mi país era tan abrumadora, que realmente no veía cómo aquello podría dar resultados. Como tenía bastante temor de ofender al hermano, creo recordar que solo respondí algo como «quién sabe» o «el Señor dirá».

Después lo medité mucho y me reproché no haber sido más claro. Realmente hay lugares donde las campañas multitudinarias tienen una repercusión increíble y producen cambios. Pero en otros muchos lugares no es así. Hay culturas en las que la voz de una persona subida en una tarima predicando llega al corazón de las personas. Pero hay otras en las que ese mismo cuadro solo produce indiferencia. ¿Es esto verdaderamente una señal de avivamiento en el primer lugar y un indicativo de muerte espiritual en el segundo? ¿O tiene más bien que ver con una cuestión meramente cultural y de mentalidad? ¿Que las personas se detengan o no a escuchar a alguien que habla improvisadamente en público en una plaza, verdaderamente es una muestra fiable de la temperatura espiritual de esa sociedad?

Tomemos este preciso ejemplo: una persona predicando el evangelio en una tarima en medio de una plaza pública. Sin dar ningún nombre, todos sabemos que hay países en los que sería aplaudido, otros en los que sería fuertemente abucheado, otros en los que sería totalmente ignorado, otros en los que sería arrestado y otros en los que sería directamente apedreado sin piedad. ¿De verdad pensamos que estas diferentes respuestas son indicadores de la espiritualidad de la gente? ¿O tienen mucho más que ver con conductas aprendidas y normalizadas en cada lugar?

Pongámoslo de otra manera. Pensemos en un país libre en el que impera la democracia, existe libertad de culto y uno encuentra iglesias prácticamente en cada esquina. Incluso hay un porcentaje de cristianos elevadísimo, y hablo de más de un diez por ciento, lo cual para mí es muy elevado, ya que actualmente en España tenemos cifras muy inferiores. Pero hablo de un lugar en el que predicar en las calles es algo natural, es bien recibido, las iglesias no tienen denuncias de los vecinos por ser demasiado ruidosas con su música y molestar a los ciudadanos, y donde ningún incrédulo se extraña ni pone cara rara si un cristiano le dice en el bus «Dios te bendiga». Es algo normalizado. ¿Es eso un avivamiento? ¿Es un lugar en el que hay bendición de Dios? ¿Es un «estatus» envidiable? Lo pregunto porque sé que muchos lo consideran así, y los que vivimos en países donde la predicación del evangelio encuentra muchísimos obstáculos sentimos cierta envidia (y aclaro que las dificultades que podamos tener en España no se comparan ni de lejos con las que tienen nuestros hermanos en algunos países musulmanes por ejemplo).

Sin embargo, yo me pregunto: si este tipo de respuesta social al evangelismo es un indicador de la espiritualidad de un país, ¿cómo es posible que precisamente muchos de estos lugares donde el evangelio no encuentra gran resistencia y se habla de avivamiento con porcentajes altísimos de cristianos, existan al mismo tiempo unas cifras de criminalidad absolutamente desorbitadas que superan ampliamente a las de otros lugares donde no hay avivamiento?

En definitiva, ¿qué es avivamiento? ¿Tiene que ver con la resistencia que ofrece la sociedad a nuestras actividades evangélicas o al impacto real que produce el evangelio en las vidas? Yo creo que la gente sin Jesucristo está muerta en sus delitos y pecados. Muerta espiritualmente. Y eso no tiene nada que ver con el entusiasmo o la aparente apertura que muestren ante un evento evangelístico. Eso puede ser perfectamente emocional, sobre todo si no se refleja en otros datos estadísticos del país como delincuencia, secuestros, drogadicción, etc. En muchas ocasiones hay sociedades de gran carga emocional que hablan un lenguaje muy impregnado de términos cristianos pero cuando uno camina por las calles siente una fuerte inseguridad. Por lo tanto, el hecho de que las iglesias estén llenas o que haya respuestas masivas a eventos cristianos no es entonces un indicador fiable de avivamiento en un país.

Personalmente he visto que la sed de las personas y su necesidad son iguales tanto en un lugar del mundo como en otro, ya sea que lo manifiesten abiertamente o no. La expresión verbal, corporal, los gestos, incluso la permisividad o respuesta que dan ante un evento evangelístico solo es parte de su forma de comportamiento habitual. Pero es responsabilidad de los cristianos acercarnos a los no creyentes y ofrecerles el evangelio en la forma que verdaderamente sea comprensible para ellos. Si un evento es la mejor forma, adelante, pero si no lo es, no apostemos entonces toda nuestra estrategia a este método, porque hay diferentes maneras de brillar por Cristo y todas son necesarias.

Por lo tanto, el evangelismo es comparable a la pesca, es un principio, pero cómo lo hagamos ya es otra cuestión. Cómo lo hagamos es la técnica de pesca y depende directamente de la ocasión, del lugar, del momento y del tipo de «pescado». Y pienso que uno de los errores que cometemos más frecuentemente en las iglesias es apostar todo nuestro esfuerzo evangelístico a una sola técnica de pesca, que suele ser «hacer eventos», ya sea en las calles, o en las plazas, o en estadios, o en iglesias. Quizá porque es lo que hemos visto funcionar en algún lugar o en algún momento, y nos morimos de deseos de ver ese mismo tipo de evento en nuestra ciudad. Visualizamos un estadio lleno de gente y pensamos: *qué bendición, ¿cuándo veré esto en mi país?*, anhelando una gran cosecha. Pero quizá pasamos por alto que nuestra zona de pesca precisa otro tipo de técnica, otro tipo de barco y otra estrategia, porque es otro tipo de pescado. Y si utilizamos la técnica de pescar atún para capturar truchas, nos frustraremos.

Yo estoy convencido de que en mi zona, lo que mejor funciona es el evangelismo personal. Y sospecho que sucede lo mismo en la mayoría de los lugares. La prueba es bien sencilla, yo la he realizado en diversos lugares y siempre con resultados muy similares. Se trata solo de pedir en una congregación que se identifiquen todos aquellos que fueron alcanzados por el evangelio en una campaña masiva, y después que hagan lo mismo todos los que conocieron a Jesucristo porque alguien les habló de Él, personalmente. La respuesta es casi siempre parecida.

El evangelista Christian Schwartz realizó una encuesta entre mil seiscientos cristianos pidiéndoles que indicaran qué factores habían contribuido a que tomaran una decisión personal por Jesucristo. Entre los posibles elementos que los encuestados podían señalar como detonantes de su conversión estaban cosas como el programa de la iglesia, los cultos, la personalidad del pastor, el sistema de visitas, las reuniones evangelísticas, el contacto personal de amigos o parientes, y muchos más. Y el resultado fue que la gran mayoría, concretamente un setenta y seis por ciento de los participantes en este sondeo, declararon que sus raíces se encontraban en amigos y/o familiares que les habían llevado a Jesús a través del contacto personal. Solo un cinco por ciento atribuía su conversión al éxito de las reuniones evangelísticas, un cuatro por ciento al programa de visitas y menos del 0,5 por ciento a las emisiones por radio o televisión cristiana.[1]Aun así, en la mayoría de las iglesias, seguimos apostando todo nuestro esfuerzo evangelístico al mismo método, que casi siempre suele ser un evento masivo. Hacemos pesca de bajura cuando a lo mejor estamos en zona de altura, o viceversa.

Y pienso que puede ser porque nos hemos acostumbrado a la idea de que evangelismo es sinónimo de «evento masivo», y cualquier otra cosa que no sea una «campaña» nos parece poco espiritual, o no nos parece del todo evangelismo. Y así llenamos nuestros programas de un número mínimo de eventos al año, para justificar el presupuesto de evangelismo, sin valorar si eso es realmente lo más apropiado y lo que el Señor nos pide que hagamos. No nos damos cuenta de que con esta actitud estamos confundiendo una forma con un principio, y limitando enormemente nuestro potencial evangelístico. Porque se trata de la salvación de las personas, no de la materialización de nuestros programas.

También sentimos a veces que si de entrada no hablamos con gran claridad acerca de Jesucristo y su mensaje, no estamos evangelizando. Pero con esa mentalidad, en ocasiones disparamos como ametralladoras palabras que el incrédulo no entiende, y que nos cierran todas las posibles puertas. Porque de entrada el no creyente solo percibe un interés por nuestra parte de convencerle de una serie de ideas religiosas. Creemos que si en nuestra primera toma de contacto con una persona no mencionamos las cuatro leyes espirituales, no es evangelismo. Ignoramos que cada ser humano es un mundo y que el amor de Dios se manifiesta de múltiples maneras a través nuestro. Eso es ser luz en las tinieblas y sal de la tierra. En muchas ocasiones tenemos delante a personas heridas o con prejuicios, y quizá solo deberíamos abrir la puerta con una conversación superficial que les muestre nuestro interés genuino en ellos como personas, y que les sorprenda el amor de Cristo a través nuestro. Jesús comenzó pidiendo agua a una mujer, ni siquiera ofreciendo nada sino mostrando una necesidad y pidiendo ayuda a alguien a quien nadie le hubiera dirigido la palabra. Y esa actitud de respeto y consideración que ningún otro judío hubiera mostrado hacia ella, abrió su corazón al mensaje del evangelio y la puerta para evangelizar a toda la ciudad.

En una ocasión tuve el privilegio de tocar con un bajista español muy conocido. Muchos me han hablado de él como el mejor de España, el más completo y el más versátil. Pasamos juntos toda una sesión de estudio, grabando diferentes tomas de varios pasajes musicales y convivimos durante el tiempo de la comida. Y eso fue todo. No volvimos a vernos hasta un año más tarde aproximadamente, en una clínica de bajo a cargo del gran Abraham Laboriel, en Madrid, en la que Abraham me invitó improvisadamente y sin avisar (como casi todo lo que hace Abraham Laboriel) a salir al frente y cantar una canción con él. Fue nuestro segundo contacto y en esta ocasión me sentí muy tentado a hablarle del Señor Jesucristo. Le presenté a Abraham y por algún motivo no sentí la libertad de decirle nada. Hablamos un rato sobre música y finalmente me regaló un CD suyo y nos despedimos. Unos meses más tarde supo que yo tocaría en cierto lugar y vino directamente a verme para preguntarme la dirección de nuestra iglesia porque deseaba venir y conocer más del evangelio. Me sorprendió porque recordé que nunca le había hablado de nuestra iglesia ni le había atosigado, pero de algún modo el mensaje había llegado hasta él. Estoy convencido de que nunca acudiría a un evento de los que hacemos los evangélicos habitualmente. Uno de los muchachos que le acompañaban me dijo que le habían hablado del evangelio en ocasiones y siempre lo había rechazado, sin embargo, en esta ocasión él vino con total naturalidad a preguntar. Sigo orando por él, pero he vivido esta misma experiencia con varias personas. Si uno les persigue, cierran los oídos y no quieren escuchar. Pero si simplemente les amas y brillas para ellos, Dios trabaja a través de ti en sus vidas y cada vez que entran en contacto contigo salen un poco diferentes. Y el mismo Espíritu Santo se encarga de mostrarte cuál es el momento preciso de echar la red.

Porque lo cierto es que al final de cuentas esto es una pesca en toda regla. Y la pesca no consiste solamente en echar la red. Hay que remendarla, hay que limpiarla, hay que extenderla, desenredarla, y eso lleva tiempo, un tiempo que a veces no estamos dispuestos a esperar. Nos encantan los resultados rápidos y las decisiones espontáneas pero, una vez más, todo lo que tiene que ver con resultado rápido es poco fiable. Y tampoco toda la pesca es siempre con red. A veces es con una caña y un anzuelo. ¿Poco interesante? El evangelio de Juan nos muestra una lista completa de episodios en los que Jesús se encontró con individuos, no con masas. Los novios de

Caná, Nicodemo, la Samaritana, el paralítico de Betesda, la mujer adúltera, el ciego de nacimiento, Lázaro... son casos de pesca con caña. De nuevo, si preguntásemos a Jesús si valió la pena, su sola mirada nos respondería sin necesidad de mediar palabras.

Capítulo 22

IMPRESIONANTE

En España hay un torero que se hizo famoso más por su vida sentimental y por las patadas que daba al diccionario en cada aparición pública ante las cámaras, que por su arte en el ruedo. Entre las joyas de su repertorio está una frase que todos aquí recuerdan ya como un clásico. Preguntado por el periodista acerca de no recuerdo qué, quiso ser especialmente contundente y respondió muy serio: «En dos palabras: im-presionante».[1] La expresión se hizo tan popular en España como el famoso: «¿Por qué no te callas?» del rey Don Juan Carlos.[2]

Me hizo gracia, como a todo el mundo, y enseguida pensé en lo exagerados y lo superlativos que nos ponemos los seres humanos a veces, cayendo incluso en el ridículo, y con qué facilidad nos dejamos impresionar y le damos tremenda importancia a cierto tipo de cosas. Vuelvo al pasaje de 1 Corintios 1, en el que Pablo habla sobre cómo Dios lleva a cabo su gran obra escogiendo siempre lo menos valioso a ojos del mundo, usando y apreciando aquello que nadie aprovecharía. Por lo tanto, ¿qué es lo que conmueve a Dios? ¿Qué es lo que podríamos calificar de verdaderamente «im-presionante»?

En Lucas 7.1–9 encontramos la historia de un hombre que consiguió maravillar a Jesús:

> Después que hubo terminado todas sus palabras al pueblo que le oía, entró en Capernaum. Y el siervo de un centurión, a quien éste quería mucho, estaba enfermo y a punto de morir. Cuando el centurión oyó hablar de Jesús, le envió unos ancianos de los judíos, rogándole que viniese y sanase a su siervo. Y ellos vinieron a Jesús

> y le rogaron con solicitud, diciéndole: Es digno de que le concedas esto; porque ama a nuestra nación, y nos edificó una sinagoga. Y Jesús fue con ellos. Pero cuando ya no estaban lejos de la casa, el centurión envió a él unos amigos, diciéndole: Señor, no te molestes, pues no soy digno de que entres bajo mi techo; por lo que ni aun me tuve por digno de venir a ti; pero di la palabra, y mi siervo será sano. Porque también yo soy hombre puesto bajo autoridad, y tengo soldados bajo mis órdenes; y digo a éste: Ve, y va; y al otro: Ven, y viene; y a mi siervo: Haz esto, y lo hace. Al oír esto, Jesús se maravilló de él, y volviéndose, dijo a la gente que le seguía: Os digo que ni aun en Israel he hallado tanta fe.

Debo decir que lo que más me llama la atención en este relato es que Lucas se atreva a escribir que Jesús «se maravilló». ¿Puede algo maravillar al Maestro? Porque cuando leo los Evangelios encuentro que Jesús no se deja impresionar fácilmente por nada ni por nadie. No le asustan los escribas ni los fariseos con todo el poder que ostentan, no le impresionan los eruditos de la Toráh, no le hacen retroceder los intentos de asesinato por parte de algunos judíos, no le seduce el aplauso de las masas, al contrario, le encantan y le atraen otro tipo de personas y situaciones. Por ejemplo, valora mucho a los niños, se detiene para hablar con los rechazados, se toma tiempo con la samaritana, con la mujer adúltera, con el recaudador de impuestos Zaqueo, con el ciego Bartimeo, con el leproso, con el ciego, con el paralítico de Betesda, con un tal Nicodemo que, aunque es fariseo, muestra una búsqueda sincera de la verdad... en otras palabras, no se siente atraído por nada de aquello que suele atraer a los demás. ¿Qué es lo que le conquista entonces?

Evidentemente, le conmueven las necesidades de la gente. No puede cerrar los ojos ante ellas ni mirar hacia otro lado. Es compasión en primer término. Pero en el caso concreto de este centurión, se nos dice además que «se maravilló». Eso es insólito. Algo en este hombre consiguió estremecer gratamente a Jesús, y al parecer tuvo que ver con su fe. No fue tanto la sinagoga que había construido por amor al pueblo judío, sino el concepto tan claro que tenía acerca de la autoridad de Jesús y cómo depositó su confianza ciegamente en Él, dando por hecho sin ningún género de duda que la Palabra del Maestro tenía la potestad necesaria para poner en marcha todo el poder que sanaría a su siervo. Aquello era suficiente para él.

Tengo que reconocer que a medida que me hago más mayor me viene a pasar algo parecido. He encontrado que no hay muchas cosas ya que me impresionen. He visto demasiado. Un poco como decía el predicador en Eclesiastés, aquello de «vanidad de vanidades, todo es vanidad»... llega un momento en la vida en que uno se da cuenta de que todo es lo mismo, todo se repite, sale el sol y luego se pone, y nunca hay nada nuevo «debajo del sol», las modas se reiteran, lo que hoy impresiona a los jóvenes es lo mismo que en tiempos pasados me movió a mí, solo cambian las formas pero siempre es «el mismo perro con distinto collar».

Incluso las personas que uno conoce por primera vez. Hay ocasiones en que me presentan a alguien supuestamente espectacular y solo con cruzar unas cuantas palabras tengo la sensación de que ya he visto a esa persona en algún otro lugar. Y no es que la conozca de nada, pero de algún modo me doy cuenta de que ya conozco ese estilo, esa personalidad, ya lo he visto antes en algún otro lado, no me sorprende mucho. Me imagino qué pensará Dios, que lleva siglos tratando con el género humano. Es evidente que no hay nada, ni siquiera el pensamiento más disparatado en nuestra mente, que logre impresionarle. Sin embargo, existe algo en el carácter de una persona que puede llegar a maravillarle y llamar su atención. Utilizo la palabra «carácter» sin ser un experto en estos temas, no sé si quizá sea más correcto decir «personalidad» o si hay otro vocablo que lo exprese mejor. Pero estoy seguro de que tiene que ver con la esencia, no con los logros. Con la fe, no con las obras. Con lo que somos, no con lo que hacemos. Lo que maravilló a Jesús en este centurión fue lo que tenía por dentro, algo que nadie había logrado distinguir. Jesús lo vio y se asombró hasta el punto de expresar verbalmente que no había visto nada igual.

Confieso que ese es mi máximo anhelo. Igual que un hijo busca inconscientemente conseguir la aprobación de su padre, así quisiera yo conseguir arrancarle a mi Padre Celestial una sonrisa silenciosa de asombro. El resto me importa más bien poco. Y he aprendido con el tiempo que nada de lo que yo pueda hacer logrará jamás cumplir ese anhelo. Porque no se trata de lo que yo haga, sino de lo que yo sea.

En Santiago 3.9–10 el apóstol ilustra esta realidad. Habla del uso de nuestro lenguaje y dice lo siguiente, refiriéndose a la lengua: «Con ella bendecimos al Dios y Padre, y con ella maldecimos a los hombres, que están hechos a la semejanza de Dios. De una misma boca proceden bendición y maldición. Hermanos míos, esto no debe ser así». En un principio manifiesta que un cristiano no «debe» pronunciar con su boca algunas palabras, o decir ciertas cosas que no edifican. Es decir que se refiere a que un cristiano no debe «hacer» ciertas cosas. Como queriendo decir que un cristiano puede llegar a hacer ciertas cosas que no tienen nada que ver con su cristianismo, y eso no debería suceder. Sin embargo, enseguida va un paso más allá y sube el listón cuando añade: «¿Acaso alguna fuente echa por una misma abertura agua dulce y amarga? Hermanos míos, ¿puede acaso la higuera producir aceitunas, o la vid higos? Así también ninguna fuente puede dar agua salada y dulce» (Santiago 3.11–12). Observo que pasa de un nivel al siguiente, como si primeramente se refiriera a aquello que uno no «debería» hacer si verdaderamente «es» cristiano. Pero después resuelve el párrafo subiendo un escalón de intensidad para afirmar que realmente hay cosas que sencillamente no «pueden» suceder cuando uno verdaderamente «es» cristiano, del mismo modo que una higuera no puede producir aceitunas ni una vid higos. Así de simple. Es parecido a lo que dice el apóstol Juan en 1 Juan 3.9: «Todo aquel que es nacido de Dios, no practica el pecado, porque la simiente de Dios permanece en él; y no puede pecar, porque es nacido de Dios». Juan no está diciendo que un cristiano es perfecto o infalible, sino que hay cosas que no puede hacer, no entran en su abanico de posibilidades porque su propia naturaleza no las produce. Claro que un cristiano comete errores y se equivoca, pero precisamente por eso el énfasis está en lo que «es», no en lo que hace.

No sé si logro explicarme, pero lo que trato de concluir es que, en mi opinión, lo único que realmente sirve para algo es aquello que SOMOS por dentro. Podemos impresionar a mucha gente con lo que hacemos, las conferencias que damos, los eventos que organizamos, las canciones que componemos, la música que tocamos, incluso las iglesias que dirigimos. Pero Dios no se deja impresionar por nada de eso y en definitiva es a Él a quien deberíamos conseguir maravillar, como lo hizo el centurión. Instituciones benéficas alrededor de todo el mundo realizan donaciones millonarias para los más desfavorecidos. Personajes famosos donan fortunas para causas nobles. Hay una larga lista de ejemplos que han hecho cosas buenísimas para la humanidad, han alimentado a los pobres, han salvado vidas, han hecho proezas... ¿Sería ofensivo decir que Dios no se deja impresionar por las buenas obras ni por las hazañas de nadie? De hecho, todos sabemos que muchas de estas «obras benéficas» ocultan en el fondo motivaciones muy diferentes que el bien de los pobres. Todos sabemos que hay cosas que se hacen simplemente porque ayudan a mejorar la imagen pública de un personaje o de una institución...

Si nosotros, la iglesia de Jesucristo, caemos en el mismo error y nos enfocamos más en realizar grandes eventos, construir grandes catedrales, establecer nuestro nombre o denominación como modelo a seguir, profesionalizar sistemas, etc. (todo ello necesario en las dosis oportunas y convenientes), en lugar de enfocarnos en SER primeramente, no estaremos haciendo nada diferente a lo que hace el mundo. Porque toda obra que nazca de una intención noble o de un deseo momentáneo por hacer el bien, o de cualquier otra motivación, sin haber sido antes transformados interiormente por el poder del evangelio, será efímera. Durará lo que duren las fuerzas, las ganas o las emociones, y todo eso es pasajero. La Biblia lo llama «hojarasca». Impresionaremos probablemente a muchos pero no a Dios. Muchos dirán de nosotros que hicimos esto o aquello, hasta escribirán libros sobre nosotros y podremos acumular gloria en este tiempo. ¿Pero qué dirá el Rey de reyes? ¿Qué dirá el Anciano de días? ¿Qué dirá el que puso límites al mar y envía a los vientos como mensajeros, el que tiene ojos como de fuego que todo lo escudriñan, hasta lo más profundo del corazón? ¿Estará Él impresionado?

Pido al Señor que su iglesia no caiga jamás en la misma trampa. Que no caigamos en la dinámica de hacer cosas impresionantes para muchos, porque sentimos que «deberíamos» hacerlas o porque nuestro corazón ya nos haya traicionado con la ambición humana y ni siquiera lo hayamos notado. Al contrario, Dios nos ayude a hacer cosas que le impresionen a Él, porque hemos experimentado el sorprendente milagro de que «somos» cada vez más como Él y no «podemos» hacer otra cosa. Eso sí que sería, en dos palabras, «im-presionante».

Capítulo 23

A TODOS LOS CRISTIANOS EN ESPAÑA

No sé quién dijo aquello de que España es el cementerio de los misioneros pero, desde luego, la frase la hemos escuchado muchas veces. Si supiera quién lo dijo, le preguntaría qué quiso decir exactamente porque se puede interpretar de varias formas. Como no lo sé, me gustaría simplemente escribir cómo entiendo yo esta frase y lo que pienso acerca del evangelio en España.

Me ayudó mucho un diálogo reciente con el pastor Samuel Justo, un hombre de Dios que pastorea una congregación creciente en la ciudad de Alicante desde hace alrededor de veinte años mínimo (corrígeme Samuel). Me identifico con él porque al igual que en mi caso, él también creció en la iglesia que pastoreaba su padre y hoy sirve al Señor fielmente en esa misma iglesia con un ministerio poderoso y también viajando a diferentes lugares del mundo. Pues bien, no hace mucho conversamos en el trayecto desde un pueblo llamado Albir hasta el aeropuerto de Alicante y llamó bastante mi atención un comentario suyo que me resultó tremendamente iluminador. Dijo algo así:

> Hablamos mucho de Latinoamérica, hemos viajado mucho a Latinoamérica, hemos oído mucho del avivamiento y de las megaiglesias que han nacido y crecido allí, y cada vez que visitamos esos lugares nos encendemos y nos subimos a una nube celestial viendo los resultados tan espectaculares que se observan allí. Y entonces volvemos a España incendiados y a los pocos días nos desilusionamos, al constatar la realidad espiritual de nuestro país y lo difícil que resulta todo lo

> relacionado con la proclamación del evangelio en esta tierra.
>
> Sin embargo hemos visitado poco Europa, hemos visitado poco los países musulmanes y no hemos estado presentes en las tragedias de muchos países más cercanos como los países balcánicos y otros tantos; no hemos querido acercarnos demasiado a mirar las dificultades que están atravesando ellos, quizá con la excusa del idioma (y evidentemente porque no es tan llamativo). Pero si lo hubiéramos hecho, a lo mejor no hubiéramos cometido muchos errores tontos, ni estaríamos tan frustrados como nos sentimos a veces.

No puedo estar más de acuerdo. ¿Por qué corremos todos a Pensacola para ver el avivamiento, pero ninguno corremos a Siria o Egipto para aprender de esas iglesias que quizá solo tienen veinte o treinta miembros, y que permaneciendo fieles a Dios a través de las durísimas circunstancias de persecución están experimentando un tipo de avivamiento del que no tenemos ni la más remota idea? ¿Con quién o con qué nos comparamos? De nuevo, ¿cuál es nuestra máxima aspiración?

¿No será que nuestra frustración viene de perseguir un modelo que nos resulta atractivo en lo personal? ¿No estaremos enamorados del concepto «avivamiento=éxito»? ¿Y qué consideramos éxito en definitiva? Recordemos que el verdadero éxito es ser y estar en el centro de la voluntad de Dios, en el momento y en el lugar precisos. Y Dios tiene tiempos y sazones, como les dijo Jesús a los discípulos en Hechos 1.7.

Yo creo, mis hermanos, que esta tierra es buena, y la gente que la habita tiene una gran necesidad interior. Bajo la aparente indiferencia y dureza general se esconden corazones muy sensibles y con un deseo profundo de encontrarle sentido a la vida. Me conmueve ver cómo los españoles responden con gran generosidad cada vez que hay alguna tragedia que requiere colaboración económica de los ciudadanos. Veo a un pueblo noble, con hambre y sed de justicia, pero al mismo tiempo con un grandísimo recelo y una tremenda desconfianza frente a cualquier cosa que huela un poquito a manipulación, abuso espiritual o negocio religioso turbio. Los años de pseudo-cristianismo y religiosidad impuesta por la fuerza han hecho estragos en la gente y han conseguido literalmente que el español medio no quiera saber nada de Dios. Eso, sumado al crecimiento económico meteórico vivido en los últimos treinta años, nos han dejado una sociedad acomodada, aletargada e hipnotizada por el materialismo, ese nuevo dios que vino a sustituir a la antigua religiosidad y que ahora gobierna la mentalidad española. Esa es nuestra situación y no podemos negarla. No estamos en las mismas condiciones que otras sociedades. Nuestra historia reciente está ahí para corroborarlo. ¿Qué esperábamos?

Si a eso le añadimos que también la propia iglesia actual se ha dejado arrastrar por el mismo espíritu de comodidad y se ha aletargado, comenzando a nadar en la abundancia de una sociedad que hace girar todo en torno a la calidad de vida y eso que llaman el «estado de bienestar», apaga y vámonos. Los inconversos no tienen el más mínimo interés en oír el mensaje porque están condicionados y tienen mil prejuicios, y los convertidos están o bien hibernados espiritualmente atendiendo a otras cuestiones, o quemados interiormente y desilusionados, tirando la toalla y proclamando que *Spain is different* (España es diferente), y que esto es un cementerio. Admitámoslo: no empezamos de cero cuando tratamos de llevar el mensaje del evangelio a la gente en España, partimos de números negativos, por debajo del cero, porque es ineludible el peso de la historia y aunque no todos sean conscientes de ello, ya es un ambiente anticristiano el que está instalado en las calles, y eso dificulta muchísimo las cosas.

Pero analicemos esto un momento. ¿Realmente dificulta eso las cosas? ¿No dice el apóstol Pablo en Romanos 5.20 que «cuando el pecado abundó, sobreabundó la gracia»? ¿No era cuestión de ser luz y sal, y precisamente a más oscuridad, más posibilidades de brillar para la luz? ¿No tiene la sal muchas más probabilidades de hacerse notar en una comida sosa? ¿Cuál es en realidad el problema?

Sinceramente, hermanos, creo que el problema es que nos comparamos con otros contextos que no tienen nada que ver con nuestra realidad. Nos enamoramos de cosas que nos cuentan de otros lugares y nos empeñamos en repetirlas aquí, copiando formas y métodos. Pero solo copiamos las maneras de los lugares que nos gustan y parecen más exitosos. No viajamos a aprender a aquellos lugares más desafortunados, donde el evangelio tiene gran oposición, para aprender cómo resistir en el día malo y cómo permanecer fieles a Dios en una sociedad muy antagónica. Miramos hacia modelos que viven otro momento, con cristianos metidos hasta en la política, y creo que no interpretamos correctamente la singularidad del país y del momento que vivimos aquí. Nos entra la fiebre del avivamiento y nos lanzamos a desarrollar ciertas fórmulas, y una de dos:

1. O nos damos el castañazo del siglo y nos desilusionamos perdiendo la fe y las fuerzas, y pasamos a formar parte de ese grupo tristón que habla con nostalgia de lo que «nunca sucederá en España porque esto es un cementerio».
2. O nos ponemos unas orejeras extraordinarias y «vamos adelante», cegados, dando bibliazos y reprendiendo contra viento y marea en una especie de autismo espiritual, hablando un idioma que ningún incrédulo entiende y reproduciendo fórmulas que han funcionado en otros lugares... y si encima experimentamos crecimiento numérico porque unos cuantos que piensan igual nos siguen, nos creemos entonces que estamos haciendo algo relevante y que hemos dado con la técnica idónea, mientras los demás permanecen dormidos. Al final, terminamos construyendo una

especie de «reino cerrado» en el que solo pueden entrar cierto tipo de personas que hablan o entienden nuestro idioma.

No son las dos únicas posibilidades, desde luego, hay toda una gama de posicionamientos diferentes y hay quienes ni siquiera lo intentan ya, pero me gustaría desde aquí transmitir a todos la idea de que España *no es ningún cementerio.* Al contrario, bulle ruidosamente, llena de vida. Puede enterrarnos vivos si nos acercamos a ella con la actitud equivocada, tratando de ganarla con técnicas que no funcionan, del mismo modo que no se puede capturar un atún con una caña de pescar, o una sardina con un arpón. Todo tiene su momento, su ocasión y su oportunidad. Y la realidad es que no solo España es diferente, es que cada país es diferente y vive un momento diferente que tiene muchísimo que ver con su historia, su cultura y cómo todo eso ha aterrizado en la situación actual. Llamémoslo trasfondo espiritual, cultura, historia, ataduras espirituales... como queramos. El caso es que cada país presenta una situación diferente que no puede ser abordada con métodos cuyo único aval es que funcionaron en otro sitio totalmente distinto. Es más, cada familia es diferente y cada ser humano es diferente. Dios no trata conmigo como lo hace con otros, mis reacciones no son como las de otras personas, por eso Dios trabaja mi vida de manera individual.

A todos mis hermanos en España: la Gran Comisión y el Gran Mandamiento también son para nosotros. No podemos bajar los brazos y desilusionarnos pensando que no se puede. Hay países que están en una situación muchísimo peor que nosotros y no por ello significa que el evangelio no tenga posibilidades allí. No nos miremos en el espejo equivocado. Esta es nuestra realidad. Tampoco creamos que no tenemos nada que aprender de aquellos lugares en los que hay una mayor respuesta que aquí, al contrario, aprendamos, examinemos todo y retengamos lo bueno, y a la hora de abordar nuestra labor en España, seamos muy conscientes de cuál es nuestra realidad.

En mi humilde opinión, y sin pretender tener todas las respuestas ni toda la razón, España tiene un batallón de cristianos que están capacitados para hacer la obra que Dios nos ha encomendado. No significa esto que no necesitamos ayuda, al contrario, toda la ayuda que llegue de otros lugares es bienvenida y necesitada. Pero en líneas generales y a mi modo de ver, necesitaríamos prestar atención a algunas cosas:

1. **Ilusionarnos y enamorarnos de nuevo de Jesucristo**, de su persona y del milagro de la salvación, más que darle tantas vueltas a lo difícil de la obra aquí. Poner en orden nuestras prioridades cuestionándonos seriamente si es más importante nuestro compromiso con el evangelio de Jesucristo o nuestro estado de bienestar personal.
2. **Recuperar esa sensación de lo privilegiados que somos al ser cristianos** en esta época y en este país, en lugar de adoptar un discurso derrotista de que «en otros lugares sí se puede y aquí no».
3. **Examinarlo todo y retener lo bueno.** No lanzarnos ciegamente a reproducir ideas de otros lugares, nacidas en otro contexto y orientadas muchas veces hacia resultados o hacia el éxito ministerial personal. No cegarnos movidos por el deseo interior de ver por fin un despertar espiritual en nuestros días. Permitir que Dios sea Dios y no caer en la tentación de reproducir algo forzado que no procede del corazón de Dios para este momento y lugar.
4. **Como líderes, centrarnos más en ser que en hacer.** Cultivar nuestra relación personal con Dios y con su Palabra. Y a la hora de trabajar con nuestra gente, orientarnos más en edificar el carácter cristiano de los creyentes, mentalizándonos de que no somos llamados a protagonizar actos grandiosos y llamativos, sino a ser un ejército de cristianos íntegros, repartidos por todo el país, en colegios, institutos, puestos de trabajo, vecindarios, instituciones etc., invencibles, afectando, brillando y sazonando silenciosamente como luz y sal en todos los rincones de esta sociedad, impactando

más con nuestra conducta que con nuestras palabras. Los resultados llegarán. Uno es el que siembra y otro es el que siega...

5. **Buscar cada vez más la unidad entre los cristianos** en España y el trabajo en equipo, el concepto de cuerpo, independientemente de denominaciones o diferencias puntuales. Aplastar los protagonismos personales y levantar a Cristo para experimentar cómo somos todos atraídos por Él a un mismo punto.

6. **No tener miedo de entregar el testigo a la próxima generación** y hacerlo bien y a tiempo, de modo que la transferencia de liderazgo sea un proceso natural, maravilloso y bendecido.

7. **Diferenciar formas y principios**. Estar dispuestos a distinguir a la luz de la Palabra de Dios, qué cosas son principios de Dios inamovibles e innegociables que jamás deberíamos sacrificar, y qué otras cosas no son más que formas que quizá fueron buenas en el pasado, pero que hoy necesitan un repaso y un cambio drástico.

8. **Orar sin cesar**. Clamar y no dejar de clamar al cielo por un despertar espiritual en nuestro país que se traduzca en oportunidades reales de impactar más y mejor a esta sociedad española, y que seamos capaces de llevar a cabo nuestro cometido en este tiempo.

Dicho lo cual, reproduzco y hago mías las palabras de Rebeca Jacob, pronunciadas en el último encuentro de la Fraternidad Pentecostal y Carismática de España:

> A los hombres y mujeres de Dios en este país les quitaría la enorme carga que llevan sobre sus hombros: la carga de traer avivamiento y la carga de ver que pasan cosas. Les quitaría la frustración, las comparaciones con otros lugares y les recordaría el día en que le dijimos sí a Cristo. Les recordaría de quién se trata. Les devolvería el gozo y la alegría de servirle. Les recordaría que no se trata de nosotros. Les recordaría que no podemos salvar a nadie pero sí podemos vivir en gozo, celebrar la victoria de

que uno se ha convertido, de que dos se han bautizado, de que vidas son transformadas. Les recordaría que se trata de Su Reino. Que Él es digno. Digno de mi vida, de mi alegría, de mi esfuerzo y de mi gozo. Él es digno de cada día que me levanto y le sirvo. A veces mejor, a veces peor. Si pudiera hacer algo por la iglesia en España —y si fuera Dios— ministraría ánimo e ilusión a los hombres de Dios de este país (que en mi opinión, son personas impresionantes).[1]

Amén.

Capítulo 24

UNAS PALABRAS FINALES

Al llegar al final de este libro y releer, me doy cuenta de que seguramente he escrito cosas que podrían no caer bien a más de uno. No me gusta la sensación, pero hace tiempo aprendí que Dios no me llamó para caer bien a nadie sino para servirle y agradarle a Él. No obstante, quisiera aclarar que nada de esto se ha escrito desde la amargura o con la intención de ofender o agredir a alguien. Solo he tratado de ser sincero y pensar en voz alta, dando expresión franca a lo que creo, veo y siento, y lo hago responsablemente, convencido de que obedezco al Señor.

Tampoco me considero ningún Elías iluminado, en el sentido de pensar que «solo he quedado yo» o algo así, Dios me libre. Todo lo contrario. Por eso siento la necesidad de añadir estas palabras al final y decir que me siento absolutamente privilegiado de pertenecer al cuerpo de Cristo, a su iglesia universal. Soy parte de ella, me identifico con ella y pertenezco a ella. Parafraseando al poeta bíblico, prefiero un día con mis hermanos en Cristo que mil días sin ellos.

Estoy agradecido. Sirvo a Dios como pastor en la Iglesia Salem en España, una manifestación local visible de ese maravilloso cuerpo de Cristo esparcido alrededor de todo el mundo. Soy consciente de los muchísimos errores que cometemos a diario los cristianos y hago estas observaciones desde la humildad del que está dentro, incluyéndome siempre en el cuadro y pidiendo a Dios que tenga misericordia de nosotros, porque no estoy exento de estos errores ni en el pasado, ni en el presente, ni en el futuro. Pero ruego a Dios que abra nuestros ojos y oídos, que sensibilice nuestros sentidos espirituales para que escuchemos su voz, que atendamos a su Palabra, que oigamos a los «Natanes» enviados por Él, que no cerremos el corazón ante la exhortación, sino que seamos como aquellos hombres de Berea (Hechos 17.11), nobles y dispuestos a analizar a la luz de las Escrituras si estas cosas son así.

También tengo que decir que es un honor servir a Jesucristo y haber sido escogido para hacerlo en este tiempo de la historia y no en otro. Ignoro para qué habría servido yo en otro tiempo, pero tengo claro que Dios me puso precisamente en esta época con un propósito y me parece genial, trato a diario de no estorbar el plan del Señor para mi vida. Creo con firmeza que no podría tener mejores amigos y compañeros que los que tengo. Incluso aquellos consiervos que mantienen opiniones o posturas diferentes a las mías, aquellos que pueden haberse sentido ofendidos o aludidos a través de las cosas que he escrito, quisiera poder decirles personalmente a todos que les amo, que son para mí una bendición y una fuente de aprendizaje diario. Soy más rico espiritualmente por todos ellos. Creo que Dios nos endereza a los unos con los otros, del mismo modo que los árboles del bosque crecen más altos y más rectos cuanto más unidos están.

Pienso a menudo en la gran nube de testigos de Hebreos 12.1, y sueño despierto. Fantaseo en mi mente con un futuro en el que yo mismo recibo el regalo de formar parte de esa nube. Y me supera, es mucho más de lo que puedo llegar a anhelar y merecer. Me visualizo con la misma cara de tonto que Frodo, cuando vio por primera vez a los elfos en Rivendel. Llegar a estar entre ellos, conocer a los santos de la antigüedad, a los mártires, a los doce, a los patriarcas, al rey David, a los héroes de la fe, a los veinticuatro ancianos... y sentados a la mesa más sublime, escuchar y hacerles mil preguntas, compartir con todos ellos acerca de las cosas que nos sucedieron mientras corríamos la carrera...

...y después, el mayor de los silencios, el mayor de los asombros, el estupor más feliz de toda la historia al ver con nuestros ojos al Rey...

...y la explosión de alegría más limpia jamás experimentada por nadie, la risa más cristalina jamás escuchada, la emoción de encontrarle sentido a todo, conocer como fuimos conocidos...

...y respirar con la sensación de haber llegado a casa, de haber pertenecido siempre a ese lugar, de no haber estado nunca solos...

Damas y caballeros, no estoy loco, esto es exactamente lo que nos espera. Así que «andemos como es digno de la vocación con que fuimos llamados» (Efesios 4.1–3). «Despojémonos de todo peso y del pecado que nos asedia, y corramos con paciencia la carrera que tenemos por delante, puestos los ojos en Jesús, el autor y consumador de la fe, el cual por el gozo puesto delante de él sufrió la cruz, menospreciando el oprobio, y se sentó a la diestra del trono de Dios» (Hebreos 12.1–2).

Y mientras llega ese día, no nos peleemos. Aprendamos a valorar cuánto vale un hermano en Cristo, y que ese pensamiento sea más fuerte que cualquier disensión de opiniones o rencilla. Estamos juntos en esto. No dejemos de hablar y de caminar en luz, teniendo comunión unos con otros, porque aunque no lo creamos, esa comunión puede salvarnos la vida más de una vez. «Consideremos a Aquel que sufrió tal contradicción de pecadores contra sí mismo, para que nuestro ánimo no se canse hasta desmayar. Porque aún no hemos resistido hasta la sangre» (Hebreos 12:3-4).

Y por el amor de nuestro Señor y Salvador Jesucristo, demos al evangelio el lugar central de nuestra predicación, porque solo el evangelio es poder de Dios para salvación a todo aquel que cree. No lo agüemos, no lo adulteremos, no lo rebajemos, prediquémoslo tal y como es. Este y no otro es el encargo divino que tenemos. Vale la pena.

Y si no es por aquí, ya nos veremos y reiremos juntos al otro lado.

Notas

Capítulo 7: Un millón de amigos

1. Roberto Carlos, «Un millón de amigos», del disco *30 grandes canciones* (EMI, 2000).

Capítulo 10: El antídoto

1. Alejandro Sanz, «Cuando nadie me ve», del disco *El alma al aire* (WEA Latina, 2000).

Capítulo 18: Lo grande contra lo pequeño

1. «¿Qué tendrá lo pequeño?», poema anónimo.

Capítulo 21: Evangelismo

1. Christian Schwartz, *Los 3 colores del amor: el arte de dar y recibir justicia, verdad y gracia* (Barcelona: Clie, 2004), p. 131.

Capítulo 22: Impresionante

1. «La famosa frase de Jesulín de Ubrique. "En dos palabras: impresionante"», Antena 3, 11 enero 2011, http://www.antena3.com/asi-es-antena3/celebrities/dos-palabras-impresionante_2010122200143.html.

2. Peru Egurbide, «El Rey a Chávez: "¿Por qué no te callas?», 10 noviembre 2007, http://internacional.elpais.com/internacional/2007/11/10/actualidad/1194649213_850215.html.

Capítulo 23: A todos los cristianos en España

1. «Ponencia de Rebeca Jacob», asamblea de la Fraternidad Pentecostal y Carismática de España, 28 enero 2012, http://www.fpce.es/index.php?option=com_content&view=article&id=113:ponencia-rebeca-jaboc&catid=52.

Nos agradaría recibir noticias suyas.
Por favor, envíe sus comentarios sobre este libro
a la dirección que aparece a continuación.
Muchas gracias.

Vida@zondervan.com
www.editorialvida.com